赵畅 卡斯／著

新形势下 中非
经济合作研究

RESEARCH ON
CHINA - AFRICA ECONOMIC
COOPERATION UNDER NEW CIRCUMSTANCES

社会科学文献出版社
SOCIAL SCIENCES ACADEMIC PRESS (CHINA)

前　言

当前，国际形势复杂多变，主要体现在两个方面：一方面，随着经济全球化不断向纵深发展，发展中国家的政治互动更加频繁，经济联系更加紧密，文化交流更加深入，安全对话不断扩大，人类文明的整体性与共同发展的相关性日渐凸显；另一方面，随着国际力量对比关系的持续改变，国际政治权力格局加速演变，霸权主义、冷战思维和强权政治又有了新发展。单边主义、保守主义、贸易保护主义与民粹主义沆瀣一气，逆全球化思潮逆势来袭。[1] 以 2016 年以来的"黑天鹅"事件，如英国脱欧、特朗普当选美国总统、欧洲国家民粹主义兴起并蔓延等接连发生为标志，全球范围内形成了一股逆全球化思潮。[2] 实际上，自 1999 年美国"西雅图运动"爆发，"逆全球化"就被推向全球。逆全球化不仅是一种社会情绪，更重要的是，它还在经济和政治领域表现为贸易保护主义、激进主义和孤立主义等思想。如今，逆全球化正一步步成为一种行动，[3] 对国家经济发展和国家之间经济合作产生较

---

① 于洪君：《构建新型国际关系的新经验：全球战略格局剧变下看中非合作》，大国策智库，https：//m. thepaper. cn/newsDetail_forward_2407758，访问时间：2020 年 7 月 20 日。
② 戴长征：《全球治理中全球化与逆全球化的较量》，《国家治理》2020 年第 3 期。
③ Melina Kolb，"What is Globalization and how has the Global Economy Shaped the United States?"，Peterson Institute for International Economic，https：//www. piie. com/microsites/globalization/what-is-globalization，2021 - 01 - 29，访问时间：2023 年 5 月 22 日。

大影响。2022 年下半年，国际贸易出现了全面下滑态势。① 联合国贸易和发展会议最新发布的《全球贸易最新动态》（Global Trade Update）显示，虽然 2023 年第一季度全球货物和服务贸易出现反弹，但全球贸易前景仍旧黯淡。②

40 余年以来，中国经济实现快速发展，已成为世界第二大经济体。中国经济的高速发展，深刻地影响着中国与发展中国家间的合作关系，特别是与非洲国家间的关系，也深刻地影响着中国与其他世界大国在非洲的利益关系。③ 在新形势下，中国仍在探索与非洲的经济合作机会，这持续影响着中国与非洲国家的关系。④ 因此，中非经济合作和中非关系受到了西方密切关注，并被部分西方发达国家政客和媒体抹黑、攻击。

中非经济合作正处于转型升级和提质增效的关键时期，又恰好面临新的国际形势。中非经济合作既存在新的机遇，同样也面临新的挑战。进一步加强中非产业链、能源、投资和蓝色经济等方面的合作，符合中非近 27 亿人民的共同利益，也是新冠疫情后世界经济复苏的需要。新形势下存在的逆全球化思潮将考验中非长期以来的友好关系。为应对这些挑战，双方更应坚定不移地推进中非经济合作，坚定不移地践行多边主义，坚定不移地推进中非友好关系，共同迎接新挑战。中国要把"一带一路"发展愿景同联合国提出的《2030 年可持续发展议程》、非盟正在落实的《2063 年议程》以及非洲各国制定的发展战略相对接，开拓新的合作空间，挖掘新的合作潜力。

从中非经贸关系看，2019 年，中非贸易额突破了 2000 亿美元，较

① UNCTAD，"Global Trends and Prospects"，April 2023" p. 5.
② "贸发会议：全球贸易恢复增长，但前景暗淡"，联合国，2023 – 06 – 21，https://news. un. org/zh/story/2023/06/1119052，访问时间：2023 年 8 月 4 日。
③ 张宏明：《大国在非洲格局的历史演进与跨世纪重组》，《当代世界》2020 年第 11 期。
④ 张宏明：《中非关系的发展环境与发展思路》，载于《非洲发展报告 No. 14（2011 ~ 2012）》，张宏明主编，社会科学文献出版社，第 2 页。

2000 年增长 21 倍，① 中国已连续 14 年成为非洲第一大贸易伙伴。从中非政治关系看，除斯威士兰外，中国已与其他 53 个非洲国家建交，至今中非之间没有重大价值观分歧或者意识形态冲突，且中方愿意分享其治国理政及经济发展经验。作为经济上快速发展的发展中大国，中国在追求自身经济发展的同时，也致力于通过互利共赢推动中非共同发展。正如中国国家主席习近平在 2013 年初访问非洲时强调的："中非人民要加强团结合作、加强相互支持和帮助，努力实现中非各自的梦想。"②

2000 年，中非合作论坛（Forum on China-Africa Cooperation，FOCAC）建立，中国与非洲国家全面合作关系又有了新进展，这是发展中国家之间互相帮助、互利共赢、"南南合作"的典范。③ 在中非合作论坛框架下，中国始终坚持"南南合作"的属性和定位，把自身发展同非洲所有国家发展紧密结合，推动中非双方合作转型升级，努力实现高质量、高标准和普惠性。从中非双方高层交往到民间友好、从发展战略对接到推进基础设施互联互通、从实施和平安全行动对话到成立中国非洲研究院，通过一个个具体项目，中非合作实现了互利共赢。中非将继续充分利用中非合作论坛对接中非双方合作需求，为进一步深化新时代中非合作、推动构建更加紧密的中非命运共同体做出更大贡献。

基于新形势，本书将从回顾逆全球化思潮的发展历史展开研究，重点从产业产能、能源资源、投资、蓝色经济合作方面呈现中非经济合作发展现状，深入探析中国和非洲经济合作方面存在的新机遇和新挑战，并提出对策建议。本书的观点是，当零散的、偶发性的逆全球化现象走向由西方发达国家集中地、有组织地掀起一股逆全球化浪潮，并具体表

---

① 田伊霖、武芳：《推进中非贸易高质量发展的思考——2018 年中非贸易状况分析及政策建议》，《国际贸易》2019 年第 6 期。
② 《习近平在坦桑尼亚尼雷尔国际会议中心发表演讲：中非永远做可靠朋友和真诚伙伴》，2013 年 3 月 26 日第 1 版《人民日报》。
③ Richard Asante, "China and Africa：Model of South-South Cooperation", *China Quarterly of International Strategic Studies*, 4（2），2018, p. 259.

现为西方发达国家竭力维护自身利益而压制发展中国家经济发展，阻挠和破坏发展中国家经济合作，那么中非经济合作对中非双方，乃至世界经济复苏都具有重要意义，中国和非洲应精准对接和深化经济合作。中非经济合作进一步深化、拓展和提升的空间较大，其实践可丰富"南南合作"的案例研究，将有利于中国和非洲国家维护自己的经济发展权利，也将有利于改革和完善多边经济治理机制。

第一章

导　言

一　新形势下的中国"开放"

新形势的形成并非一蹴而就，而是一段较长时间的动态变化中暂时凸显出的具有某种鲜明特质的状态。本书所探讨的"新形势"主要指西方发达资本主义国家对发展中国家的恶意压制所形成的"逆全球化"现象。这种现象实际上可追溯至 2016 年的一系列"黑天鹅"事件，乃至1999 年的"西雅图运动"。这种零散的、偶发的逆全球化事件逐渐演变为一股集中的、有组织的思想浪潮，并具体表现为西方发达资本主义国家抛弃原先由它们自行设计的国际秩序和国际机制，选择性地对一些发展中国家进行集体压制的战略竞争。

逆全球化的高峰期在近 5～10 年，特别是自 2017 年美国前总统特朗普上台，以及 2020 年初英国正式退出欧盟以来。之后，以美国为首的西方国家纷纷实行贸易保护主义，采取提高关税、反移民等行动，同时针对发展中国家实施"贸易战"或制裁。一些发展中国家如中国、巴西等都受到了不同程度的负面影响。中国作为世界上最大的发展中国家，受到了最严酷的打压。例如，华为、中兴、字节跳动在美国遭恶意制裁。

我们要厘清全球化和逆全球化的区别。逆全球化建立在全球化的基础上，"逆"的前提是全球化先行实践。历史上，全球化和逆全球化是相伴相生的，总体上世界仍是朝着全球化的方向发展。但必须强调的是，全球化和逆全球化的发展版图，都是西方发达国家为自身利益构建出来的。历史学家托马斯·弗里德曼的畅销书《世界是平的》，提出人类全球化演变的三个阶段。第一个阶段是全球化1.0时代（1492～1800年），始于哥伦布大航海时期。第二个阶段是全球化2.0和3.0时代（1800～2000年），世界各国间开始有大量的商品和信息流动，出现了真正的全球化市场。第三个阶段是全球化4.0时代。世界各国不再处于物物交换阶段，而是进行更广、更深的价值链交易。这一价值链交易不仅突破了国界的限制，也跨越了不同的行业、产业、技术领域。在全球化4.0时代，由西方发达国家建构的国际经济秩序不仅未能匹配新一轮全球化时代的需求，而且严重阻挠发展中国家经济发展。因此，全球经济秩序需要重塑，世界经济运作模式要求创新，如此才有可能利用和化解全球化4.0时代的新机遇和新挑战。这体现了中国和其他发展中国家开始行动并不断加强各领域合作的必要性和重要性。它们努力推动世界贸易组织改革，创新金融体制（如成立亚洲基础设施投资银行），构筑区域全面经济伙伴关系。总之，新形势下全球化和逆全球化交织出现，国际政治格局发生变革，将塑造一个新的由发展中国家完善和创新的国际经济秩序。

目前，世界面临全球化与逆全球化的重大分歧。一部分人基于自身的目的和利益，不愿意看到全球化深入发展，因而会反应激烈并寻找否定它的理由。但是，我们要清楚地认识到，逆全球化思潮出现的原因恰恰是全球化深入发展。在全球化发展过程中出现的逆全球化思潮有两种主要表现：一种是"穷人穷国"反对"富人富国"的全球化，因为"穷人穷国"的生活水平没有在全球化过程中实现提升，反而有所下降；另一种是美国自第二次世界大战后主导的全球化中所包含的"富人富国"的逆全球化思潮。

20世纪90年代，西方逆全球化声浪日益高涨，主要源于西方发达国家内部矛盾激化。此后，逆全球化进一步发展，在当前，已上升到全球范围的政治和经济层面的博弈，充分证实了西方发达国家自行设计的游戏规则是为少部分人的利益服务。与此形成鲜明对比的是，中国作为全球化的后进者，倡导人类命运共同体理念和多边合作机制。基于近几十年来经济高速发展所带来的综合实力提升，中国有能力也有意愿同其他发展中国家一道构建国际经济合作新机制、新模式。在 2017 年达沃斯世界经济论坛年度会议上，中国国家主席习近平发表演讲时提出，把困扰世界的问题简单归咎于经济全球化既不符合事实，也无助于问题解决。习近平主席呼吁世界各国坚定不移发展开放型世界经济、坚定不移发展全球自由贸易和投资。① 中国在习近平主席的领导下自信地宣布，中国将加快推动形成全面开放新格局。但有人可能会质疑，中国为何与西方发达国家不同，要求进一步扩大开放？笔者认为，中国扩大开放的主要目标和原因如下。

第一，为疫情后中国和世界经济复苏注入活力。联合国秘书长安东尼奥·古特雷斯在《2022 年世界经济形势与展望》中将目前描述为一个脆弱和不平衡的全球复苏时期，呼吁在国家和国际层面采取更有针对性和协调一致的政策和措施，弥合国家内部和国家之间的差距。只有团结一致，才有望实现经济真正复苏。② 2021 年全球经济的复苏主要是由消费强劲、投资和货物贸易反弹推动的，这种情况又集中出现在中国等世界大国和地区。国际投资在 2020 年收缩 2.7% 之后，因中国和美国的推动，2021 年增长约 7.5%。③ 据联合国预测，中国的发展转向由消费和高端制造业推动，将带来更可持续的增长，并产生显著的国际溢出效应。因此，从一定程度上讲，中国的经济增长与世界的经济复苏紧密相关，中国扩大开放，不仅关乎自身经济发展，而且影响世界经济走向。

第二，向世界展示新时期的中国形象。中国国家主席习近平指出，

---

① 《习近平主席在世界经济论坛 2017 年年会开幕式上的主旨演讲（全文）》，新华社，2017 - 01 - 18，http：//www. xinhuanet. com/politics/2017 - 01/18/c_1120331545. htm，访问时间：2020 年 8 月 31 日。

② "World Economic Situation and Prospects 2022"，United Nations，January 13，2022，p. Ⅲ.

③ "World Economic Situation and Prospects 2022"，United Nations，January 13，2022，p. Ⅶ.

"要注重塑造我国的国家形象",即"坚持和平发展、促进共同发展、维护国际公平正义、为人类作出贡献的负责任大国形象,对外更加开放、更加具有亲和力、充满希望、充满活力的社会主义大国形象"。国家形象是一个国家整体实力、地位、影响力、对他国态度及政策的综合性外在呈现。对部分西方发达国家损害中国国际形象所造成的负面影响必须重视,应通过进一步扩大对外开放,在对外合作中展现中国"亲、诚、惠、容"负责任的大国形象,有力回应部分西方发达国家对中国形象的恶意抹黑。

第三,向国际社会提供更多的国际公共产品。新形势下,国际秩序进入新的历史重构期。这个过程中,世界主要大国发挥着重要甚至决定性的作用。面对西方发达国家的单边主义、孤立主义,以及对中国的打压、遏制,中国更应融入世界,倡导多边主义,维护现有的国际秩序。通过进一步扩大对外开放,参与国际经济合作,向国际社会提供更多的公共产品,回击"金德尔伯格陷阱"论调,稳定世界经济秩序。2020年中国国际服务贸易交易会全球服务贸易峰会上,中国国家主席习近平提及扩大对外开放,强调"放眼未来,服务业开放合作正日益成为推动发展的重要力量","中国将坚定不移扩大对外开放,建立健全跨境服务贸易负面清单管理制度",展现了中国对外开放的决心。同时,习近平主席在第75届联合国大会一般性辩论上讲话指出,"大国更应该有大的样子,要提供更多全球公共产品,承担大国责任,展现大国担当","中国将继续做世界和平的建设者、全球发展的贡献者、国际秩序的维护者"。中国是国际公共产品的重要提供者,并一直如此。自2013年提出"一带一路"倡议以来,中国相继参与了金砖银行、亚投行等国际机构的建立,无疑在向世界展示中国开放与合作的诚意。

中国和非洲国家自2000年中非合作论坛建立以来,共同推进经济合作,取得了丰硕的成果。首先,中非具备合作的基础。从中非关系发展脉络看,伴随中国对自身和世界认知的调整、中非了解程度的加深和中国对非洲影响力的提升，中非发展合作模式不断优化，包括精准对接非洲国家的发展规划、积极推动非洲的减贫和现代化进程等。其次，中非合作有别于部分西方发达国家附加政治条件的有限合作。从中非合作内容看，共商、共建、共享的原则始终贯穿中非合作。每届中非合作论坛召开期间，中国都会根据非洲需求宣布一揽子合作举措。中国对非援助和投资并非如美国高层人员描述的那样——中国对非援助是单方面赠予，双方是平等的、互利共赢的合作关系。最后，中非合作具有时代意义。中非是命运共同体，共同的历史遭遇、共同的奋斗历程让中非人民结下了深厚的友谊，中非永远是好朋友、好伙伴、好兄弟。好朋友互相帮助，好伙伴彼此合作，好兄弟共同成长。中国和非洲之间除了有源远流长的守望相助，更有患难与共的关注与牵挂。当中国人民遭遇困难时，并不富有的非洲国家不忘施以援手。汶川地震发生后，人口仅一百多万的赤道几内亚向中国捐赠约 100 万欧元，相当于全国每人捐出了约 1 欧元；新冠疫情在中国暴发后，数十个非洲国家第一时间向中国捐款，而没有捐款的非洲国家向中国国家主席习近平通电话表示支持中国抗疫。这些行为足以说明中非患难与共的情谊。同样，当非洲国家面临困难时，中国总是第一个施以援手。例如，埃博拉疫情和新冠疫情在非洲暴发时，中国政府向非洲国家第一时间紧急提供人力和物力援助，支援疫区人民共渡难关，共同战胜疫情。2020 年 5 月 19 日，中国政府宣布，由湖南省、河北省和重庆市卫健委选派，分别向津巴布韦、刚果（金）和阿尔及利亚三国派遣抗疫医疗专家组。此前，中国已经向布基纳法索、埃塞俄比亚等国派出了医疗专家组。除了派遣专家组外，中国还在抗疫物资援助、抗疫经验分享等方面做了大量工作，走在国际驰援非洲抗疫的最前列。需指出，中国自 1963 年以来，已向非洲 45 个国家派遣医疗队员 2.3 万人次，诊治患者 2.3 亿人次。[①] 困难时刻相互倚重，发展时期彼此

---

① 《新时代的中非合作》，中华人民共和国中央人民政府，2021 - 11 - 26，https：//www. gov. cn/zhengce/2021 - 11/26/content_5653540. htm，访问时间：2021 年 12 月 3 日。

协同，这是中非关系最真实的写照。

2023 年是中非合作论坛成立的第 23 周年，中国和非洲国家的合作在新形势背景下，既有新的机遇，也有新的挑战。无论如何，中非关系显示出强劲的发展势头，主要表现如下。

一是中非经济联系愈加密切。在双边贸易上，中国已经连续 14 年保持非洲最大贸易伙伴国地位，中非双边贸易额持续增加，2019 年中非贸易额高达 2087 亿美元，同比增加 2.2%。[1] 2021 年中非贸易额创历史新高，双边贸易额达 2542 亿美元，同比增加 35%。[2] 值得注意的是，中非贸易赤字在缩小，2021 年中国对非出口额为 1483.67 美元，中国自非进口额为 1059.22 亿元。[3] 在投资领域，自 2005 年以来，中国已在非洲大陆投资了近 300 个项目，如肯尼亚的蒙内铁路和拉姆港口、埃塞俄比亚的阿瓦萨工业园、吉布提的多哈雷港口等，为非洲人民创造了大量就业机会。中国在非洲国家建设的铁路和公路均已超过 8000 公里，并建设了近 20 个港口和近 90 个大型电力设施，促进了非洲工业化进程，为非洲青年创造了众多就业机会，提升了非洲国家的自主发展能力。在民生方面，中国已援建近 150 个医疗设施、40 多个体育馆、180 多所学校等，改善了非洲国家公共卫生基础设施，提升了非洲教育水平。2010 年至今，中国在非洲培训了 20 万人次，接受培训者分布在非洲各行业，为增进非洲各国人民的切身利益和福祉做出了实实在在的贡献。[4]

---

[1] 《2019 年中非经贸合作数据统计》，中华人民共和国商务部，2020 - 03 - 06，http://xyf. mofcom. gov. cn/article/tj/zh/202003/20200302942520. shtml，访问时间：2023 年 3 月 27 日。

[2] 《2021 年中非经贸合作数据统计》，中华人民共和国商务部，2022 - 04 - 28，http://xyf. mofcom. gov. cn/article/tj/zh/202204/20220403308229. shtml，访问时间：2023 年 3 月 27 日。

[3] 《2021 年中非贸易创历史新高》，中华人民共和国商务部，2022 - 02 - 10，http://africa-nunion. mofcom. gov. cn/article/jmxw/202202/20220203281601. shtml，访问时间：2023 年 3 月 1 日。

[4] Naohiro Kitano and Yumiko Miyabayashi, "Estimating China's Foreign Aid: 2019 - 2020 Preliminary Figures", JICA Ogata Sadako Research Institute for Peace and Development, December 14, 2020, pp. 1 - 3.

二是中非战略互信迈上新高度。2018 年中非合作论坛北京峰会上，中国国家主席习近平指出，今天的非洲呈现出蓬勃发展的新景象，令人振奋、令人鼓舞。这表明中国高度重视非洲大陆发展，并愿意参与非洲大陆的发展，共同探索新合作机遇。非洲国家积极探索符合自身发展的道路，坚持以非洲方式解决非洲问题，独立自主势头锐不可当。国家主席习近平在发言中进一步指出，非洲国家不断积极推进工业化，谋求自主可持续发展，非洲加快一体化进程，在国际舞台上坚持用一个声音说话。这表明中国对非洲国家发展战略表示高度认可，并愿同非洲一起共同发展。2013 年中国发起的"一带一路"倡议在非洲各国得到了广泛支持和响应。例如，在 2017 年，肯尼亚、埃塞俄比亚等非洲国家领导人相继访华，积极参加中国召开的两场"一带一路"国际合作高峰论坛。同年，中国高层领导人也多次到访非洲，相继访问南非、安哥拉、赞比亚等国家。中非双方高层领导人通过互访巩固了中非传统友谊，加强了中非战略互信，加强了中非双方发展战略对接，增进了中非合作共识。

三是中非人文交流更加活跃。人文交流一直是中非双方重视的合作领域，在近几年取得了极大的进展。例如，2018 年中非合作论坛北京峰会结束后不久，中国非洲研究院正式成立；自 2004 年在南非建立第一所孔子学院以来，目前非洲已有 61 所孔子学院，并逐步推动中文教育在非洲各国全覆盖；[①] 中非双方媒体不断探索新合作机遇，特别是启动了"中非新闻交流中心"等项目。

总体来说，中非合作论坛取得突出成绩的主要原因有三点：其一，中非合作关系的历史基础比较好，奠定了合作基础条件；其二，中非合作论坛充分尊重双方合作意愿，中国始终平等对待非洲各国，确保合作互利共赢；其三，中非经济合作从一开始就贯彻共商、共建、共享原则，

---

① 胡登全、王丽平：《非洲孔子学院研究述评（2006—2019 年）》，《中国非洲学刊》2021 年第 1 期。

有利于保证合作的持续性。

以上中非合作方面的重大进展让部分西方发达国家，特别是非洲前宗主国，将其视为一种威胁，这些国家的政府串通媒体不断抹黑中非合作。例如，在第 30 届非洲联盟峰会召开时，法国与其他西方媒体抹黑中国援建的非洲联盟会议大楼，造谣中国为监督非洲联盟会议而安装了监视器。① 自 2018 年下半年以来，美国重返非洲，前任总统特朗普对非频繁出招，连续出台对非新战略和新倡议，配套出台对非新法案，辅之以新的金融工具以推进其政策实施。在强调"美国优先"的新非洲战略中，明确指出以此应对非洲其他合作伙伴国，尤其是中国和俄罗斯在非洲日益增强的影响力。美国对非新战略与此前发布的《美国国家安全战略报告》一脉相承，其鲜明特点在于强调"美国优先"、减轻美国在非洲大陆的负担、制衡中非关系。② 毫无疑问，新战略是为满足美国在非洲的核心利益诉求，并非真正考虑非洲发展需求。这反映了西方发达国家对中非合作的恐慌，坚决挤压其他国家与非洲的合作空间。在此情形下，中非只有强化经济层面的合作，才能破解西方发达国家的战略意图，在新形势下维护中国和非洲双方的利益。

二　研究的现实意义

当今，世界面临逆全球化浪潮，且这股浪潮尚未表现出减弱的趋势。另外，突如其来的新冠疫情已深刻地改变了世界各国的对外政策。例如，2020 年大部分时间里，世界上不少国家处于封闭状态，国际贸易额陡降。这股逆全球化浪潮及流行性病毒不仅显著拉低了世界各国经济增长速度，也给全球经济治理带来了严峻挑战。目前，美国前任总统特朗普所推进的贸易保护主义、"美国优先"等举措还在持续发酵，英国脱欧

---

① 〔布〕卡斯：《南南合作框架下的中国－东非共同体合作：理念、动力与前景》，《非洲研究》2018 年第 2 卷。
② 刘中伟：《特朗普政府非洲新战略"新"在何处?》，《当代世界》2019 年第 2 期。

引起的民粹主义、反移民主义势头不减，这都意味着此前倡导的全球自由主义经济将面临较强阻力，直面这股逆全球化浪潮可能已是一种新的形势。笔者认为，在未来一段时间，逆全球化的声音还将持续存在，特别是在经济出现衰退的地区。中国和非洲国家作为全球化的推动者，在新形势下该如何加强经济方面的合作？在西方发达国家强调贸易保护主义及单边主义的背景下，中非如何获取属于自身的正当利益？面对当今百年未有之大变局，中非比以往任何时候都更需要加强合作，尤其是经济方面的合作。在世界秩序和国际格局深度调整的背景下，构建合作共赢的伙伴关系成为时代的需要。中国和非洲国家是重要的命运共同体，面临崭新的历史机遇和挑战，在变化的世界中需要寻求多元价值的并存和对未来秩序的创新。因此，深入研究新形势下中非经济合作中存在的新机遇及面临的新挑战，有丰富的现实意义。

新的形势已来临，多边关系与双边关系之争、空间的权力及其竞争上升为各国高级政治的重点内容，因而标准、阵营和壁垒将不可避免地发挥作用。这种情形将决定未来一段时间里世界的走向，甚至可能决定国际关系。同时，我们乐观地发现，新形势也是世界各国改革、创新和重组的时机，诸如亚洲地区成为全球经济增长的中心，"一带一路"倡议深得人心，中国和平崛起的势头不可阻挡，多极世界的趋势更为明显，人类命运共同体成为共识等。因此，新形势下收缩与重组将同时存在，成为这个时代的最主要特点。国家之间、各国内部的利益调整和重组则会更为激烈和频繁。在新形势下，作为发展中国家的中国和非洲国家，又该如何开展经济合作？中国与非洲的经济合作将面临何种机遇和挑战？

中国外交部非洲司司长吴鹏表示，中国和非洲国家在共同抗疫、稳经济、保民生方面加强合作，兼顾了短期纾困与长期追求共同利益实现共同发展。习近平主席在中非团结抗疫特别峰会上发表题为《团结抗疫共克时艰》的主旨讲话，强调"无论国际风云如何变幻，中方加强中非团结合作的决心绝不会动摇"。当今世界正处于十字路口，面临诸多不确定性因素，特别是部分西方发达国家继续推行单边主义、贸易保护主义等，中国与非洲国家在维护多边主义与国际社会公平正义方面有共同的使命。中非双方应更加坚定地维护以联合国为核心的多边体系，精准对接中国与非洲发展需求，构建紧密的中非命运共同体。因此，本研究的现实意义可总结为如下几点。

第一，有利于揭示中非经济合作的发展趋势。新形势下中国与非洲国家该如何加强经济方面的合作，值得认真思考。经济合作在中非关系中有无可比拟的重要位置。随着部分西方发达国家对中非合作的指责和破坏行为的增加，更有必要明确中非经济合作的新机遇，以促进中非合作稳定和持久。

第二，有利于探讨进一步的中非经济合作对策。新形势下，厘清中非经济合作存在的挑战十分有必要。1999 年，特别是 2016 年以来，部分西方发达国家不断举起单边主义、贸易保护主义等旗帜，使中非经济合作面临更加严峻的时代新挑战。因此，笔者认为，为进行有针对性的研究，有必要厘清新形势下出现了哪些问题，这样才能找出解决办法。

第三，有利于明确新形势下中非经济合作对世界经济复苏的意义。当前世界经济复苏缓慢，并遭遇逆全球化的破坏。中国经济和非洲经济的发展是世界经济发展的重要组成部分，中非经济合作本身就能为世界经济复苏做出贡献。此外，中非经济合作还能为其他国家经济合作树立典范，为全球经济治理体系指明方向。

三　全球化和中非合作相关文献梳理

国内外有关"全球化"的研究成果较多。本书作者梳理"全球化"研究内容时发现，无论是中国学者、西方学者，还是非洲学者，大部分学者对全球化发展持积极态度，只有少部分学者对全球化持怀疑态度。

西方学者布兰登·谢尔曼（Brandon J. Sherman）的著作《全球化政策和问题》（*Globalization Policies and Issues*），回顾了全球化的发展历史，列出了全球化给世界各国带来的机遇，在最后一章主要讨论全球化的漏洞并试论全球化的发展趋势。总体上，布兰登对全球化的发展持积极态度，认为全球化不可逆转。① 从布兰登的著作可看出，他所描述的全球化是经济的全球化。经济全球化是社会生产力发展的客观要求和科技进步的必然结果，经济全球化为世界经济增长提供了强劲动力，促进了商品和资本的流动、科技和文明的进步，以及便利了世界各国人民的交往。正如西方学者沙贺迪（Shahid M. Shahidullah）在《现代性、现代化和全球化：21 世纪的问题和挑战》（*Modernity, Modernization and Globalization: Issues and Challenges of the 21st Century*）中所论述的，200 多年来全球现代性一直在世界各国的社会中存在和发展。沙贺迪主要探讨了现代性面临的一些紧迫的挑战性问题和 21 世纪以来全球化的发展趋势。例如，现代性和政教分离、美国在传播全球现代性方面的历史角色、全球民主的扩张、全球中产阶级的崛起、全球数字连接的出现以及右翼政党在全球政治版图中的崛起。实证研究和国家研究在很大程度上支持了该著作的观点，即现代性是一种文化和文明模式。中国学者李仲周在《全球化和多边主义仍应是世界经济主旋律》中提出全球化给世界各国带来发展机遇，强调国际组织如联合国、世界贸易组织等对全球化发展的作用，同时指出全球化需要全球治理，认为多边主义是不可改变的事实。②

20 世纪下半叶以来，全球化的发展尤为显著。随着资本主义经济在全球蔓延，民主理念在世界范围内不断传播，中产阶级队伍壮大，妇女的经济和政治权利提高，全球被数字连接起来。③ 在新形势下，鉴于逆全球化现象的出现，全球化值得重新思考。学者向红在《全球化与反全

---

① Brandon J. Sherman, *Globalization Policies and Issues*, (Hauppauge, New York: Nova Science Publishers, 2011), pp. 1 – 15 + 225 – 353.

② 李仲周：《全球化和多边主义仍应是世界经济主旋律》，《可持续发展经济导刊》2020 年第 8 期。

③ Shahid M. Shahidullah ed., *Modernity, Modernization and Globalization: Issues and Challenges of the 21st Century*, (Hauppauge, New York: Nova Science Publishers, 2019), pp. 1 – 10.

球化运动新探》一书中梳理了五种西方对反全球化的普遍定义，认为反全球化可被视为一种替代性的全球化运动。[①] 这种观点是有一定道理的，北京大学历史系教授钱乘旦的《全球化的历史演变与新走向》一文就体现了类似的观点，即反全球化可能发展为以区块为基础的一种"新全球化"。钱教授在该文章中强调，这种以区块为基础的新全球化和以美国为主导的全球化的最大区别在于——没有霸权国家。在这种趋势下，某种程度上美国也会成为一个重要的区块，在新全球化中扮演新角色。约瑟夫·斯蒂格利茨（Joseph E. Stiglitz）的回忆录《全球化逆潮》（*Globalization and Its Discontents*）则从更具体的"黑天鹅"事件，描述逆全球化运动的再度兴起。约瑟夫回顾了 2008 年国际金融危机后西方发达国家陆续采取贸易保护主义、单边主义等举措，及美国前总统特朗普上台以来所奉行和采取的"美国优先"政策、孤立主义或者"退群"行为如何加剧逆全球化。[②] 中国学者盛斌和黎峰进一步引发我们对西方发达国家逆全球化行为的思考，在《逆全球化：思潮、原因与反思》一文中，两位学者思考了全球化带来的不平等社会问题，特别强调应该思考美英两国作为全球化的设计者和推动者，为何掀起新一轮逆全球化思潮。这一问题的答案，可用联合国前秘书长安南在 2000 年 4 月发表的《我们人民——联合国在 21 世纪的角色与作用》中的一句话回答，即"很少有个人、团体或者政府反对全球化本身，他们反对的是全球化所带来的巨大差异"。[③] 似乎可以进一步推论出，西方发达国家掀起逆全球化的根本原因是要维护"巨大差异"。伊莉斯·菲罗（Elise Feron）在《逆全球化运动及欧洲议程》（*Anti-Globalization Movements and the European Agenda*）一文中，通过探讨欧洲一体化进程与欧洲逆全球化之间的关系指出，欧

[①] 向红：《全球化与反全球化运动新探》，中央编译出版社，2010 年，第 5 – 15 页。

[②] Joseph E. Stiglitz, *Globalization and Its Discontents*, (New York：W. W. Norton & Company, 2003), pp. 4 – 45.

[③] 盛斌、黎峰：《逆全球化：思潮、原因与反思》，《社会科学文摘》2020 年第 5 期。

洲国家常出现的大规模跨国抗议运动在某种程度上具有"设计"的成分，有助于形成上层所需要的公众舆论。[1] 这映射出无论是全球化还是逆全球化，其本质都是西方发达国家自编自导的一场服务少数人利益的游戏。

新冠疫情暴发再度引发关于全球化与逆全球化的思考。张蕴岭在《高度重视全球化发展的新调整及影响》一文中认为全球化要发生根本性逆转是不可能的，不仅如此，原有的全球化既不可能退回去，而且还会产生新的全球化。[2] 刘卫东在《新冠肺炎疫情对经济全球化的影响分析》中从资本的"空间出路"、技术的"时空压缩"和国家的开放程度三个因素分析经济全球化的三个基本驱动力，同样认为全球化是不会倒退的，且在不断变化，即呈现波动性。世界各国会继续围绕经济全球化进行斗争、妥协、再斗争，最后形成一个相对稳定的状态。[3] 赵龙跃在《新冠肺炎疫情下的经济全球化与中国的引领作用》一文中将新冠疫情视为对全球化的一种正向因素，认为新冠疫情为推动新一轮经济全球化创造了契机。[4] 除了表达对新冠疫情后的全球化持乐观态度外，更多的声音集中分析为什么出现逆全球化。解钢的《新冠肺炎疫情下的"逆全球化"：成因剖析与应对之策》从全球化的理论基础——比较优势理论切入，剖析了比较优势理论隐含的假设与当前工业化大生产和国际贸易的现实相脱节的问题，并认为这是全球化减速的重要原因。[5] 朱锋和倪桂桦的《美国对华贸易战与新冠肺炎疫情对全球化的影响》一文结合美国对华贸易战，分析新冠疫情对全球化的影响。通过美国对华采取的一系列竞争性和攻击性打压手段，透视了在国际环境发生变化的情况下，

---

[1] Elise Feron, "Anti-Globalization Movements and the European Agenda: Between Dependence and Disconnection", *The European Journal of Social Science Research*, 17 (2), 2007, p. 119.

[2] 张蕴岭：《高度重视全球化发展的新调整及影响》，《国际问题研究》2020 年第 3 期。

[3] 刘卫东：《新冠肺炎疫情对经济全球化的影响分析》，《地理研究》2020 年第 7 期。

[4] 赵龙跃：《新冠肺炎疫情下的经济全球化与中国的引领作用》，《当代世界》2020 年第 11 期。

[5] 解钢：《新冠肺炎疫情下的"逆全球化"：成因剖析与应对之策》，《上海市经济管理干部学院学报》2020 年第 5 期。

国家会做出国家安全压倒经济利益的政策选择，而这种选择会导致全球化系统出现连锁反应，即全球化的碎片化、区域化，和全球产业链的本土化、闭环化。① 刘宏松在《新冠肺炎疫情下的全球化与全球治理的强化路径》一文中，基于更广的维度，从全球治理需求与全球治理能力之间的差距来分析新冠疫情对全球化的影响，并提出全球化发展路径，即加强全球治理，尤其是中国参与全球治理。② 在此背景下，中国学者开始探讨中国在新的形势下如何有所作为。迟福林和郭达两位学者在《在大变局中加快构建开放型经济新体制》一文中提出对策建议，中国应开拓国内国际双循环，以服务贸易为重点，加快推进制度型开放进程，推动双边、区域自由贸易进程等。③ 潘子健在《逆全球化挑战下国际投资风险因素对中国在"一带一路"国家对外直接投资影响研究》一文中建议循序渐进地扩大对外开放，推进区域全面经济伙伴关系协定，推动与"一带一路"倡议对接。④ 邱君帝在《逆全球化对中国对外开放的影响与对策》一文中指出，中国最好的应对措施是在习近平总书记关于对外开放论述的指导下，坚持中国特色社会主义道路，适当扩大对外开放，构建人类命运共同体，⑤ 如主张中国与其他发展中国家在跨境电商领域加强合作、打造更加牢固的全球价值链体系等。

继续探究中国进一步对外开放，国内学者对中非合作的探讨十分广泛。一方面，整体上分析中非合作论坛的发展历程，剖析中非外部环境压力的原因在于粗放式合作和国际竞争愈发激烈。如周玉渊的《中非合

① 朱锋、倪桂桦：《美国对华贸易战与新冠肺炎疫情对全球化的影响》，《当代世界》2021年第5期。
② 刘宏松：《新冠肺炎疫情下的全球化与全球治理的强化路径》，《上海交通大学学报（哲学社会科学版）》2020年第28期。
③ 迟福林、郭达：《在大变局中加快构建开放型经济新体制》，《经济与管理科学》2020年第4期。
④ 潘子健：《逆全球化挑战下国际投资风险因素对中国在"一带一路"国家对外直接投资影响研究》，《经济管理》2020年第3期。
⑤ 邱君帝：《逆全球化对中国对外开放的影响与对策》，《经济动态与评论》2019年第1期。

作论坛 15 年：成就、挑战与展望》①、李安山的《论中非合作论坛的起源——兼谈对中国非洲战略的思考》②、张忠祥的《中非合作论坛 20 年：回顾与展望》③ 等文章，总结了中非合作论坛的发展及其成果，指出了中非合作面临的外部挑战和中非自身问题。另一方面，从中非合作的具体领域探讨合作的机遇与风险。《非洲数字经济发展与中非数字合作：机遇、挑战和应对》④《中非共建"数字非洲"的动力与发展路向》⑤《非洲数字经济发展态势与中非数字经济合作路径探析》⑥ 等文章基于数字经济领域提出中非可以在数字基础设施建设、人才培养和安全治理等方面突破双方经济合作瓶颈，共同提升国际合作竞争能力。同样，有关中非海洋领域的合作研究也十分丰富。从海洋旅游、渔业合作、海洋治理到蓝色伙伴关系建构，众多研究分析了中非海洋合作的基础和存在的问题，如《全球海洋治理视野下中非"蓝色伙伴关系"的建构》⑦《蓝色经济赋能中非"海上丝路"高质量发展：内在机理与实践路径》⑧《非洲参与海洋治理：领域、路径与困境》⑨《中非海洋旅游合作：现实与构想》⑩《海上丝绸之路背景下的中非渔业合作发展研究——以印度洋沿岸

---

① 周玉渊：《中非合作论坛 15 年：成就、挑战与展望》，《西亚非洲》2016 年第 1 期。
② 李安山：《论中非合作论坛的起源——兼谈对中国非洲战略的思考》，《外交评论（外交学院学报）》2012 年第 3 期。
③ 张忠祥：《中非合作论坛 20 年：回顾与展望》，《西亚非洲》2020 年第 6 期。
④ 王珩、柳喆勐：《非洲数字经济发展与中非数字合作：机遇、挑战和应对》，《浙江师范大学学报（社会科学版）》2021 年第 6 期。
⑤ 牛东芳、沈昭利、黄梅波：《中非共建"数字非洲"的动力与发展路向》，《西亚非洲》2022 年第 3 期。
⑥ 李康平、段威：《非洲数字经济发展态势与中非数字经济合作路径探析》，《当代世界》2021 年第 3 期。
⑦ 贺鉴、王雪：《全球海洋治理视野下中非"蓝色伙伴关系"的建构》，《太平洋学报》2019 年第 2 期。
⑧ 张春宇：《蓝色经济赋能中非"海上丝路"高质量发展：内在机理与实践路径》，《西亚非洲》2021 年第 1 期。
⑨ 郑海琦、张春宇：《非洲参与海洋治理：领域、路径与困境》，《国际问题研究》2018 年第 6 期。
⑩ 刘红梅、滕金凌：《中非海洋旅游合作：现实与构想》，《中国海洋大学学报（社会科学版）》2021 年第 4 期。

非洲国家为例》① 等。

通过对逆全球化和中非合作相关文献的梳理，可以得出结论：全球化与逆全球化交织存在的情形与后疫情时代全球经济复苏的时代背景重合，这种新形势下，对中非经济合作的研究是必要的。中国和非洲国家作为发展中国家，如何通过经济合作破解当前全球经济低迷和大国博弈的困境？为此，有必要厘清中非经济合作的机遇和挑战。笔者在文献梳理过程中发现，结合新形势探讨中国与非洲国家经济合作的相关研究尚有不足。在世界经济未来不确定性上升的情形下，可以从产业对接和产能合作、能源资源、投资、蓝色经济四个具体领域分析中国和非洲的经济合作。

---

① 张艳茹、张瑾：《海上丝绸之路背景下的中非渔业合作发展研究——以印度洋沿岸非洲国家为例》，《非洲研究》2015 年第 2 期。

第二章

新形势下中非经济合作面临的机遇

第一节　中非产业对接与产能合作的机遇

产能合作是指对外输出产业与能力，这不是简单地将产品卖到国外，而是把生产产品的整个产业链转移到其他国家，帮助这些国家建立起完整的工业系统。2015 年 5 月 16 日，国务院印发《关于推进国际产能和装备制造合作的指导意见》，要求与重点国家建立产能合作机制。当前，中国拥有全球最完备的产业体系和较高产能。这就是说，中国既有意愿也有能力为其他国家产业化发展提供服务和支持。

近年来，非洲经济保持稳定增长，但存在一个不容忽视的问题，即"有增长，无发展"的现象在非洲各国普遍存在，并有延续之势。因此，非洲国家迫切需要转变其生产方式，全力推进工业化。工业化也是自 21 世纪以来，非洲经济转型的重要内容。由于非洲各国国情各不相同，基础设施普遍落后，资源禀赋存在差异，实现工业化的条件并不具备。《非洲加速工业发展行动计划》（AIDA）、《处于非洲转型中心：2013—2022 年战略报告》（*At the Center of Africa's Transformation Strategy for 2013 – 2022*）、《非洲基础设施发展计划》（PIDA）等政策框架陆续公布，说明非洲要求加速工业发展、调整经济结构的愿望强烈。

2015 年末，中非产能合作基金在北京成功注册。中非产能合作基金围绕非洲"三网一化"①建设战略开发业务。截至 2022 年 6 月末，中非产能合作基金累计投资项目 26 个，投资金额达 33 亿美元。②

一 中企在非洲业务范围广

非洲是发展中国家最集中的大陆，中国是最大的发展中国家。中非合作不仅是朋友和兄弟之间的相互帮助，也必然是南南合作的范本。中非资源禀赋、比较优势及工业化发展阶段和程度不同，具备合作的基础，这使中非产业对接和产能合作空间较大，前景广阔，有利于夯实中非命运共同体根基。推进中非产能合作，是中国政府基于中国产能实际情况和非洲国家的现实需要做出的重要决定，③是中非全面合作关系中最重要的内容之一。中非命运共同体为人类命运共同体的重要组成部分，产能合作是中国和非洲国家共建"一带一路"的重要抓手。④ 2016 年底，在北京召开的中非产能合作发展高峰论坛上，中非双方专家共同认为，中非产能合作前景广阔。2016 年商务部中国国际经济合作学会会长崔明谟接受媒体访问时表示，通过企业开展中非产能合作、推进经济一体化，与中国推进"一带一路"倡议和加强国际产能合作相契合，建议中国企业利用好国内的优势产能，帮助非洲国家发展本土配套工程，打造高端制造业，这样才能受到非洲国家的欢迎。⑤ 中国政府已在十几个重点行业与非洲国家开展产能合作，即钢铁、有色金属、建材、高铁、电力、化工、轻工纺织、汽车、通信、机械制造、航空航天、船舶制造以及海洋工程等行业。中国相关企业已与部分非洲国家在这些领域进行投资合作，且能够享受优惠贷款和担保。如中国进出口开发银行、中国出口信

① 高速铁路网、高速公路网、区域航空网和工业化。
② 《中非产能合作基金 深化投资驱动工程》，中国社会科学文库，2022 – 08 – 10，https://www.sklib.cn/c/2022 – 08 – 10/648725. shtml，访问时间：2023 年 8 月 10 日。
③ 朱伟东：《中非产能合作需注意哪些法律问题》，《人民论坛》2018 年第 15 期。
④ 王晓红：《中非产能合作重点、难点及政策建议》，《中国国情国力》2019 年第 4 期。
⑤ 《中非产能合作前景广阔 机遇挑战并存》，北京中非友好经贸发展基金会，2016 – 11 – 16，http://www.cnafrica.org/cn/zfxw/11343. html，访问时间：2020 年 10 月 15 日。

用保险公司等都承担了相应业务，为中国企业"走出去"提供便利。鉴于中非产能合作意义重大，中国企业需要注意中非双方的产能合作既要符合中国的政策导向，同时也应兼顾非洲国家的实际需求。以东非共同体（East African Community）成员国为例，中国企业在成员国的业务范围大幅扩大。在东非共同体地区已开展投资的部分中国企业见表 2 - 1。

表 2 - 1　在东非共同体成员国开展投资的部分中资企业

国别（地区）	中资企业名称
布隆迪	1. 中水电十三局 2. 河南国际 3. 中国地质工程集团公司
肯尼亚	1. 北京四达时代软件技术有限公司 2. 友盛集团投资建设 3. 中国武夷 4. 华为（肯尼亚）公司 5. 中国石油长城钻井公司 6. 三一重工股份有限公司肯尼亚分公司
卢旺达	1. 北京建工集团 2. 华山国际 3. 江西国际建筑公司 4. 华为技术卢旺达子公司 5. 中国河南国际合作集团有限公司 6. 中工国际工程股份有限公司 7. 卢旺达中国水泥厂 8. 中土东非有限公司 9. 中兴通讯股份有限公司
南苏丹	1. 中国石油天然气集团公司 2. 中昊海外建设工程有限公司
坦桑尼亚	1. 碳中合资友谊纺织有限公司 2. 中垦坦桑尼亚公司（剑麻项目） 3. 中国 - 坦桑尼亚联合海运公司 4. 中国地质工程集团 5. 中国水利水电集团有限责任公司 6. 中铁建工集团坦桑尼亚有限公司 7. 山东国际（坦桑尼亚）公司 8. 华立药业坦桑尼亚有限公司 9. 北京建工集团有限责任公司

续表

国别（地区）	中资企业名称
乌干达	1. 四川科虹集团 2. 十一冶建设集团有限责任公司 3. 中国交通建设股份有限公司

资料来源：商务部《对外投资合作国别（地区）指南》。

根据表 2-1 发现，中资企业在东非共同体业务范围广，涉及承包工程、通信服务、能源矿产、贸易等行业。一些大型企业如中兴、华为等已与东非地区的相关企业和机构开展技术合作，如华为与卢旺达理工学院和卢旺达大学联合成立卢旺达华为信息与通讯学院（ICT），为卢旺达数字转型培养人才。

尼日利亚莱基自由贸易区（Lekki Free Trade Zone）董事赖四清表示，非洲国家希望从中国建设工业区/经贸合作区的实践中吸取经验，非洲国家更加积极探索与中国开展产能方面的合作。非洲国家可以考虑通过吸引中国投资扩大生产，再把生产的产品销售至中国，从而形成一个产业闭环。以牛油果产业为例，肯尼亚已在中国市场直接销售牛油果，也不断寻找中方投资合作伙伴，由其对牛油果的生产进行投资，扩大产能后增加对中国不同省份的出口。这样做可以确保在将来形成一种良性循环的贸易。在中国这样一个 14 亿人口的消费市场中形成一个产业链对任何非洲国家来说都极具吸引力。

中非产能合作将中国产业结构调整与非洲国家经济现代化进程有机结合在一起，促进非洲国家能源、交通、农业等领域发展，将使非洲国家经济步入发展快车道。中非产能合作有力地助推非洲国家在各自能力范围内推进工业化发展，也为中国企业走出国门向非洲国家市场开展海外业务带来更多发展机遇。非洲国家更加主动学习中国的发展经验，这给中国和非洲国家深化产能合作提供了有利条件，实现中非产能合作的共赢。自 2000 年以来，中国企业不断投资非洲国家的发展项目，特别是基础设施方面的项目。但是对非洲国家来讲，仅有基础设施方面的投资和建设远远不够。非洲国家只有大力推进全产业链建设才能吸引更多国外企业的投资。非洲国家普遍经济落后，但后发优势强劲，如今的非洲已经成为全球经济增长最快的地区之一。这种后发优势显著体现在市场空间广阔，即人口优势。非洲是世界上"人口最年轻"的大陆，撒哈拉以南非洲70%的人口年龄在30岁以下。[①] 根据标普全球评级（S&P Global Ratings）的数据，到2050年，撒哈拉以南非洲的劳动年龄人口将增加两倍以上，成为世界上劳动年龄人口最多的地区。按照目前的速度，撒哈拉以南非洲国家可能获得人口红利。[②] 人口红利有利于非洲大陆吸引世界各国企业转移到非洲国家，中国也很可能考虑把劳动密集型产业转移到非洲大陆，将来非洲大陆有机会成为世界的制造业中心。

随着非洲大陆总体经济形势改善，中国企业赴非洲国家投资正在成为热潮。事实上，中国企业在过去几十年已在非洲大部分国家投资了一系列发展项目。中国对非投资遍及非洲50多个国家。2020年，中国对非新增直接投资达42亿美元，是2003年的56倍。[③] 截至2020年，在非洲投资的工程类新签合同总额达到679亿美元。[④] 截至2021年，中国在非洲设立的境外企业超过3409家，对非洲直接投资流量达49.8亿美元，主要分布在建筑业、采矿业、制造业。[⑤] 目前，东非地区最大的瓷砖厂、西非地区最大的钢铁厂以及非洲最大的银行都是中非合作的结晶。另外，

---

① Jason J. Mulikita, "Young People's Potential, the Key to Africa's Sustainable Development", United Nations, https://www.un.org/ohrlls/news/young-people% E2% 80% 99s-potential-key-africa% E2%80% 99s-sustainable-development, 访问时间：2023年7月13日。

② Valerijs Rezvijs, Satyam Panday, Tatiana Lysenko, "Sub-Saharan Africa's Demographic Transition: A Window of Opportunity for Growth", S&P Global Ratings, August 4, 2021, p. 2.

③ 《商务部：二十年来中非贸易额增长20倍中国对非直接投资增长100倍》，人民网，2021 – 11 – 17, http://finance.people.com.cn/n1/2021/1117/c1004 – 32284880.html, 访问时间：2023 年7月13日。

④ 中华人民共和国商务部：《2020年度中国对外承包工程统计公报》，中国商务出版社，2021，第28页。

⑤ 中华人民共和国商务部：《2021年度中国对外直接投资统计公报》，中国商务出版社，2022，第29 +50页。

中兴和华为作为中国的两大电信巨头承担并完成了非洲的大部分电信基础设施建设。可以说自 2000 年起，非洲已成为一个新兴的经济增长大陆，尽管起点不高，但未来发展空间非常广阔。

自 2015 年起，产能合作不断成为中国和非洲国家新的合作亮点，中非产能合作互补性强，且中方优势产能向非洲国家转移，不断带动中方装备、技术、标准、品牌等走进非洲大陆，也加快了非洲国家工业化、城市化和农业现代化进程。非洲大陆有其人口优势、资源优势、市场优势，而中国有技术优势、经验优势和资金优势。中非优势互补，有力促进了产能合作。2016 年以来，金融科技成为非洲国家获得资金支持最多的创业领域之一。在 2019 年，依旧维持着这一向上态势。有关统计显示，2019年非洲金融科技产业累计融资接近 5 亿美元。在诸多非洲国家中，尼日利亚、南非等国的金融科技产业受到了投资者的持续关注。例如 2019 年作为尼日利亚独创公司的 Opay、Palmpay、Interswitch、Jumia Pay 等多家金融科技创新企业先后获得了来自世界各地的投资，中国的投资额比其他国家的投资额要高得多。2019 年 11 月，中方向 Opay 和 Palmpay 投资高达 2 亿美元，成为尼日利亚这两家新兴的初创公司获得的最大海外投资金额，使这两家公司计划在尼日利亚乃至更广阔的范围进行扩张。[1]

中国在经济现代化进程中逐步积累了富余产能；而大部分非洲国家依然处于工业化起步阶段，对钢铁、水泥等产品的需求日益增长，高质量产品基本依赖进口，因此希望引进中国优质富余产能，加快其产业发展步伐。近年来，中非产能合作从商品贸易扩展到资本、技术、管理等全方位的合作。在中非合作论坛机制的支持下，中非产能合作基金已成功设立，使中非产能合作迈上新台阶，如今中非产能合作结出了丰硕的成果。总体看，可以说中非产能合作将改善中非合作面貌。中非产能合

---

① Ndubuisi Ekekwe, "'In October, Opay Processed a Gross Transaction Value of $ 1. 4 Billion on Its Platform' in Nigeria", 2020 – 11 – 27, https:∥www. tekedia. com/in-october-opay-processed-a-gross-transaction-value-of-1-4-billion-on-its-platform-in-nigeria/，访问时间：2020 年 12 月 7 日。

作主要表现在富余生产能力的转移和人力资源合作两个方面。未来，要针对中非产能合作中的突出问题，整合各类主体力量，共同化解面临的风险，携手改善国际媒体舆论，稳步推进中非产能合作。

　　案例（肯尼亚）： 2017 年 5 月 31 日，联通肯尼亚首都内罗毕和海港城市蒙巴萨的蒙内铁路建成通车，成为中非产能合作典型案例。将迈 480 公里的路程，原本需要十多个小时，现在只要四五个小时。截至 2018 年 8 月 4 日，开通仅一年多的蒙内铁路已累计发送游客达三百万人次，发送货物量超过 400 万吨。[①] 在蒙内铁路建设过程中，超过五万名肯尼亚年轻人获得了工作。这是肯尼亚独立以来最大的基础设施建设工程，是新时期中非合作的新成果。被肯尼亚当地人称为"发展之路"的蒙内铁路，正在向非洲东部、中部延伸。2018 年 1 月，肯尼亚内罗毕国家公园附近，肯尼亚总统肯雅塔来到了蒙内铁路的延长线内马铁路一期工程施工现场。每隔一段时间，肯雅塔总统都会亲自到这条铁路的施工现场查看。对于肯尼亚人来说，这条由中国承建的全长 487.5 公里的铁路，承载着他们的希望和梦想。中国企业在非洲国家参与的每项发展项目在不断带动中国产品、技术和标准"走出去"的同时，也为非洲国家带去了先进技术、管理经验和专业人才，发展了非洲国家的基础产业，改善了非洲国家的投资环境，增强了非洲经济的造血能力，促进了非洲经济可持续发展和民生改善。另外，蒙内铁路自建成通车以来，极大地改善了肯尼亚及周边国家的交通运输状况，直接推动了肯尼亚经济增长率上升了 1.5～2 个百分点。[②] 如今，该铁路继续向周边国家乌干达等延伸修建，将为整个东非共同体发展奠定坚实的基础。

---

① 〔布〕卡斯：《南南合作框架下的中国－东非共同体合作：理念、动力与前景》，《非洲研究》2018 年第 2 卷，第 38 页。

② 中国路桥工程有限责任公司《蒙内铁路项目 2015 年度社会责任报告》。

二 中非产能合作互补性强

中非产能合作不但可以帮助非洲国家实现自主可持续发展，也有助于中国实现经济转型，化解产能过剩，最终在中非双方经济互补的基础上取得合作共赢。为推动中非产能合作，中国政府已成立了中非产能合作基金。另外，为了实现以点带面、发挥典型国家的模范推动作用，中国外交部已将肯尼亚、坦桑尼亚、埃塞俄比亚三国确定为开展中非产能合作的先行先试示范国家。[①]

中非产能合作已成为许多非洲国家经济发展的助推器。中国的产能优势总结为：第一，门类齐全，且拥有全产业链；第二，拥有优质产能；第三，经济效益和环境效益同步。经过多年发展，中国已进入工业化成熟期，拥有大量优势产业和富余产能。中国钢铁、水泥、汽车、智能手机、计算机、电视、工业机器人等220多种工业品产量居世界首位；[②] 家电、制鞋等领域与国际标准一致性程度达95%以上；[③] 造船完工量占世界总量的47.3%，远超世界三大指标市场中的韩国（30.0%）、日本（19.6%）[④]。2021年中国机床出口额比2019年高50多亿美元，创历史新高。[⑤] 这些产能不是淘汰产业或落后产能，而是有很强竞争力的优势

[①] 朱伟东：《中非产能合作需注意哪些法律问题》，《人民论坛》2018年第15期。

[②] 郭朝先：《百炼成钢：中国工业创造世界瞩目奇迹》，中国社会科学院工业经济研究所网，2021 – 06 – 29，http://gjs.cssn.cn/ztzl/ztzl_views/202107/t20210713_5347102.shtml，访问时间：2022年5月2日。

[③] 《我国四成以上主要工业产品产量世界第一》，中华人民共和国中央人民政府网，2022 – 06 – 26，https://www.gov.cn/xinwen/2022 – 06/26/content_5697790.htm，访问时间：2023年7月13日。

[④] 《2022年中国船舶工业经济运行报告》，http://lwzb.stats.gov.cn/pub/lwzb/fbjd/202306/W020230605413586638411.pdf，访问时间：2023年7月13日。

[⑤] 《2021年机床工具行业经济运行情况》，中华人民共和国工业和信息化部，2022 – 03 – 02，https://wap.miit.gov.cn/gxsj/tjfx/zbgy/jx/art/2022/art_b23a1f8bae2d4835854d0c38027aae92.html，访问时间：2023年7月13日。

产能。当前，中国不断加快经济结构调整，力争从为各国制造一般商品的世界工厂向为全球提供先进装备的生产基地转变。推动富余优质产能走出去，有利于缓解国内市场相对饱和的态势，是中国经济提质增效的重要举措。而中国经济成功转型升级，将有助于继续为非洲国家，甚至世界其他国家提供强劲的增长动力。

中国加强国际产能合作，符合广大发展中国家，尤其是非洲国家的现实需求。当前，非洲国家仍处于经济起飞或工业化初期阶段，对外来资金、设备、技术有巨大且迫切的需求。与其他国家相比，中国的富余产能具有独特的优势，比如设备先进实用、技术成熟可靠、性价比有较高竞争力、不附加其他额外条件等。中国的富余产能已得到了很多非洲国家的青睐，开展合作的空间和潜力非常可观。当中国提出愿意与非洲国家开展产能合作时，非洲国家普遍给予积极回应和热烈欢迎，不少非洲国家都希望成为中国产能对外转移的优先承接地。在推动中非产能合作方面，工业园发挥了桥梁和纽带作用。埃塞俄比亚全国有十多个工业园，其中多个由中国公司承建运营。工业园正成为埃塞俄比亚发展的一张名片。坐落在埃塞俄比亚首都亚的斯亚贝巴郊外的东方工业园，是中国国家级境外经贸合作区，已为当地提供超过 1 万个就业岗位。20 年前，埃塞俄比亚还不清楚工业园这个概念，中方多次组织埃塞俄比亚政府官员来华考察。工业园能够在非洲发展既顺应了中非产能合作大势，同时又进一步推动了中非产能合作。

自新中国成立以来，中国与非洲国家关系在平等、互利共赢、开放包容、共同发展等原则的指引下，实现从"新型战略伙伴关系"发展到"全面战略合作伙伴关系"。[①] 2006 年中非合作论坛北京峰会上提出设立中非发展基金；2015 年 12 月，中国国家主席习近平在中非合作论坛约翰内斯堡峰会上宣布设立中非产能合作基金，投资金额高达 14 亿美元，

---

① 徐国庆：《"一带一路"倡议与中非关系发展》，《晋阳学刊》2018 年第 6 期。

这 14 亿美元将撬动对非投资总额超过 100 亿美元。中国对非洲投资领域一直锁定产能合作、金融合作和技术合作三大重点。中非发展基金、中非产能合作基金通过投资咨询服务等市场化方式，促进非洲地区的经济发展和民生改善。中非双方都肩负着发展经济、改善民生、摆脱贫困的共同使命。非洲大陆拥有丰富自然资源、人口红利、市场潜力等后发优势；中国具备资金、技术、企业、人才和成功发展经验等相对发展优势。中非之间的合作将助力非洲国家走出一条独立自主的振兴之路。

近年来，特别是自 2000 年以来，非洲国家经济总体呈持续增长态势，非洲一体化进程取得积极进展。目前，中非合作已进入转型的新阶段。2015 年中非合作论坛约翰内斯堡峰会上，中国国家主席习近平宣布未来三年实施以工业化和农业现代化为核心的"中非十大合作计划"；2018 年中非合作论坛北京峰会上，习近平主席宣布未来三年落实"中非八大行动"。这极大调动了中国企业赴非洲不同国家投资发展的积极性。中国对非修建港口、铁路、高速路、发电站等重大基建项目成为中国对非的新合作理念和模式。在上述两场中非合作论坛峰会上，中国国家主席习近平指出，今天的非洲充满了生机活力，中非经贸合作达到了前所未有的高度。众多中国企业家到非洲开展经营投资，越来越多的非洲企业家也来中国经商工作。在贸易、投资、基础设施建设、经贸合作园区等领域，中国已成为非洲主要的合作伙伴。未来中非产能合作必将加快非洲工业化、城市化、信息化和农业现代化进程。

自古以来，中华民族以利而不害、为而不争的方式与世界相处；协作是中国企业在非洲发展的基本原则。当前，中非合作正由政府主导逐渐向市场运作转型，由一般商品贸易逐渐向产能合作升级，由工程承包为主逐渐向投资建设运营迈进。随着近年来中国企业入驻非洲大陆，情况也悄然发生了变化。例如，中埃泰达苏伊士经贸合作区是中国企业在海外建设的第一个国家级工业园区，是埃及苏伊士运河走廊开发计划和中国"一带一路"倡议结合的成果。2016 年，中国国家主席习近平访问埃及期间，与埃及总统塞西一起为中埃泰达苏伊士经贸合作区二期揭牌。合作区现有入驻企业超过 100 家，吸纳资金高达 10 亿美元，还推出了现代化产业新城开发运营项目。中国管理模式正在走出国门，结合当地实际需求，服务于更多国家。

　　案例（纳米比亚）：纳米比亚位于非洲南部地区，在该国有个重大项目——"纳米比亚湖山铀矿"。它是迄今为止中国在非洲南部地区规模最大的单体实业投资项目，年设计剥采总量高达 1.4 亿吨，开采矿石高达 1500 万吨，水冶厂设计年处理矿石 1500 万吨，生产八氧化三铀产品 6500 吨，总产量可满足 30 万台百万千瓦级核电机组近 30 年的天然铀需求。[1] 此铀矿已改善纳米比亚的经济，为纳米比亚人民创造了就业机会。该项目已使纳米比亚全国生产总值增加约 6%，同时为本地提供约 4500 个临时建设就业岗位，投产后已提供 2000 个永久就业岗位，加上连带行业，总计提供就业岗位达数万个。[2]

　　以上案例说明中非深化产能合作对彼此发展经济的重要性。长远看，随着中国与非洲国家经济合作的不断深化，非洲国家出于主动并积极与中国开展产能合作终将成为世界经济增长的重要推动力量。中国与非洲国家深化产能合作为非洲各国工业发展提供难得机遇，为非洲国家向世界其他国家开放和引资提供有利条件，也为中国企业在非洲国家开展海外业务提供新的发展机遇。港口、航空等基础设施建设水平是国家国际开放程度的体现，也是影响非洲国家旅游竞争力的重要因素。中非合作

---

[1]　朱学蕊：《实地探访全球规模最大露天铀矿——"在纳米比亚，湖山铀矿就是新闻"》，中国能源报微信公众号，2019－08－26，https://mp.weixin.qq.com/s/_79qB8QAw4JXiG48p12smQ，访问时间：2022 年 10 月 10 日。

[2]　同上。

建设的机场、港口、高速路等基建成为非洲国家吸引外资、开放发展的重要引擎。在推动中非产能合作方面，工业园发挥了桥梁和纽带作用。在埃塞俄比亚等非洲国家，中国已开展工业园建设，将加强中非双方企业的合作，也将给予非洲青年更多就业机会。以埃塞俄比亚为例，该国已有十多个工业园，其中多个由中国企业承建运营。

> **案例（埃塞俄比亚）**：埃塞俄比亚有多个中国参与建设的工业园，其中阿瓦萨工业园中的企业、组织等主要从事纺织服装产业。此项目由埃塞俄比亚政府投资，中国土木工程集团承建。该工业园开业半年后，50多间厂房就已进驻了十几家外企，每天有上万名工人在该工业园上班。阿瓦萨工业园全面投产后已为埃塞俄比亚创造了高达6万个就业岗位，每年出口创汇可达10亿美元。[①] 利用人力资源优势，优先发展现代纺织服装产业，是埃塞俄比亚为自身制订的发展计划。另外，该工业园是埃塞俄比亚经济发展战略中的一环。为了实现这一发展计划，埃塞俄比亚政府先后建设了14个工业园区，将这些工业园区串联起来的，则是由中国修建的一条铁路——亚吉铁路。该铁路从埃塞俄比亚首都亚的斯亚贝巴到吉布提港，是埃塞俄比亚第一条电气化铁路，也是中埃两国产能合作的典范。

第二节 中非能源资源合作的机遇

2018年9月，中非合作论坛北京峰会期间，中非签署《关于加强能源领域合作的谅解备忘录》。2021年10月，中国国家能源局与非盟签署

---

① 《中土集团承建埃塞俄比阿瓦萨工业园顺利竣工》，新华网，2016 – 07 – 14，http://www. xinhuanet. com/world/2016 – 07/14/c_1119218529. htm，访问时间：2023年7月13日。

《中华人民共和国国家能源局和非洲联盟关于中国—非盟能源伙伴关系的谅解备忘录》。随后，中非能源伙伴关系建立，同时双方成立了联合工作组。2021 年 11 月，《中非合作论坛—达喀尔行动计划（2022—2024）》明确中非将在中国—非盟能源伙伴关系框架下加强能源合作，中国致力于提高非洲电气化水平，提升非洲清洁能源占比，双方朝着更加务实的能源合作方向发展，共同实现能源可持续发展。

以习近平同志为核心的党中央，已多次对国家能源安全提出整体工作部署，提出"四个革命、一个合作"的能源安全新战略。一方面，积极推动中国国内进行能源消费革命、能源供给革命、能源技术革命和能源体制革命；另一方面，全方位地加强能源国际合作，向全球能源可持续发展贡献中国技术、中国标准和中国方案。2020 年 12 月，《新时代的中国能源发展》白皮书指出，中国践行绿色发展理念，遵循互利共赢原则开展国际合作，努力实现开放条件下的能源安全，扩大能源领域对外开放，推动高质量共建"一带一路"，积极参与全球能源治理，引导应对气候变化方面的国际合作，推动构建人类命运共同体。随着中非共建能源伙伴关系，中非能源绿色低碳发展合作将进一步深入拓展。截至2021 年 9 月，安哥拉、肯尼亚等 7 个非洲国家相关机构已加入"一带一路"绿色发展国际联盟，14 个非洲国家与中国签署了 15 份应对气候变化的合作文件。[①]

一　非洲电力市场需求强劲

电力是人类社会迈入现代化的标志之一。国家经济的发展，必须建立在可支付的、可持续的电力供应基础之上。电力需求与国家经济社会的发展密不可分，是宏观经济的"晴雨表"。当前，电力短缺成为非洲

---

① 《新时代的中非合作》，中华人民共和国中央人民政府，2021 - 11 - 26 ，http://www.gov. cn/zhengce/2021 - 11/26/content_5653540.htm，访问时间：2023 年 3 月 28 日。

经济发展的瓶颈之一。整体上，非洲超过 6 亿人（约占非洲总人口的 43%）未能享受现代电力服务，非洲大陆的电力普及率低于 40%，撒哈拉以南非洲地区的通电率为世界最低水平。撒哈拉以南非洲（不包括南非）的人均能源消耗量为 180 千瓦时，相比之下，美国为 1.3 万千瓦时，欧洲为 6500 千瓦时。新冠疫情对非洲经济产生严重冲击，抵消了非洲多年来在电力领域的努力，并恶化了非洲家庭电力购买力问题。国际能源署（IEA）调查显示，在撒哈拉以南非洲，2020 年无法获得电力服务的人口数量自 2013 年以来首次出现增加，这部分人口占全球无法获得电力服务人口的比例从新冠疫情前的 74% 上升到 77%。[①] 按区域划分，截至 2022 年，北非地区电力普及率最高，达到 98%，之后是东非地区（53%）、南部非洲地区（51%）、西非地区（47%）和中非地区（30%）。[②] 按国家来看，即使在尼日利亚这样电力接入率较高的国家，停电现象依然常见。尼日利亚电力接入率达到 95%，但年均停电时间为 4600 小时左右，相当于一年中约一半时间是停电状态。而一些较为落后的非洲国家，通电率不足 30%（图 2 - 1 呈现了 2019 年非洲部分国家的通电率情况），频繁停电的情况更是常态。从时间轴角度看，虽然非洲为提高电力接入率努力多年，但实际数据变化并不大。进入 21 世纪前，电力短缺问题十分严重。例如，截至 1999 年底，南苏丹只有 4.5% 的人口享受了电力服务，换句话说，该国当时有 90% 以上的人没有得到电力供应。当时的南苏丹人民在夜晚只能生活在没有照明的条件下。同时，非洲国家如布隆迪、乍得、利比里亚、马拉维、卢旺达等国能够享受电力服务的人口少于 10%。进入 21 世纪后，非洲的电力接入率虽有所提升，但仅为 32%

---

① IEA, "Access to Electricity", https：//www. iea. org/reports/sdg7-data-and-projections/access-to-electricity, 访问时间：2023 年 3 月 22 日。

② Statista Research Department, "Share of Population with Electricity Access in Africa as of 2020, by Region", 2022 - 04 - 13, https：//www. statista. com/statistics/1278291/share-of-population-with-e-lectricity-access-in-africa-by-region/#：~：text = In% 202020% 2C% 20North% 20Africa% 20was% 20the% 20African% 20region, access% 20in% 20Africa% 2, 访问时间：2023 年 3 月 22 日。

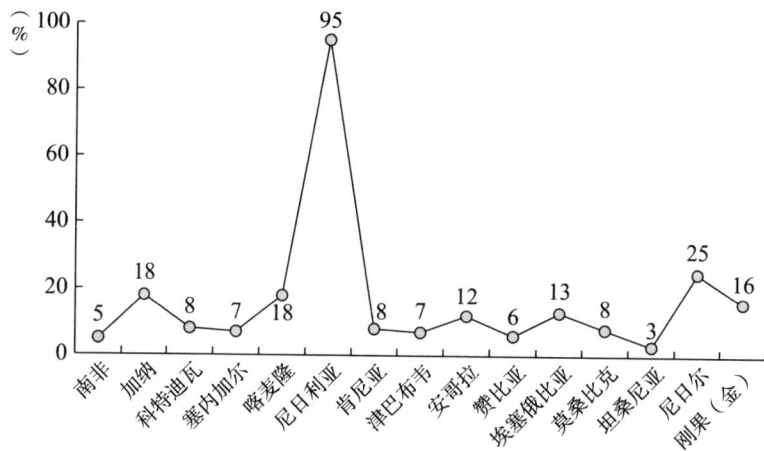

图 2 - 1 2019 年非洲部分国家通电率

资料来源：《非洲新经济白皮书（2019 版）》。

左右。[①] 据世界银行和非洲开发银行测算，2013 年总人口为 11 亿的 48 个撒哈拉以南非洲国家的总发电量竟然等同于人口仅为 4700 万的西班牙。世界银行发布的《2020 年营商环境报告》（*Doing Business 2020*）的调查显示，在 2018 年 5 月至 2019 年 5 月，42% 的非洲民众平均经历了至少 24 小时停电，79% 的非洲民众经历了至少 2 小时停电。相比之下，欧洲国家只有 5% 的民众经历了 24 小时停电，亚洲则为 13%。[②]

非洲电力短缺问题急需解决，且从当前和一个较长的发展周期来看，非洲对电力的需求还将保持强劲势头。

一方面，基于对非洲经济复苏的预测，非洲电力市场需求量将反弹。自非盟成立以来，非洲各国致力于建设一个"繁荣"的非洲，非洲经济发展的确保持了较为长期的增长势头，由十年前"失望的大陆"变成了现在"希望的大陆"。联合国贸易和发展委员会公布的 2021 年《非洲经济发展报告》（*Economic Development in Africa Report*）显示，过去十年，

---

① 程诚、范志毅、潘文悦：《"电力非洲倡议"与美国对非洲经济政策的调整》，《区域与全球发展》2018 年第 3 期。

② *Electricity Market Report 2020*，International Energy Agency，December 2020，p. 76.

非洲的贫困水平总体有所下降。这说明，非洲经济形势的确是乐观的。虽然受新冠疫情以及乌克兰危机的影响，非洲经济出现一定衰退，但总体上可预测未来非洲经济将有所反弹，并保持增长趋势。世界银行预测，撒哈拉以南非洲的经济增长率预计将在 2023 年反弹至 3.5%，在 2024 年反弹至 3.9%。预计东部和南部非洲地区（不包括南非和安哥拉）经济增速在 2023 年将增长到 4.5%，到 2024 年将增长到 5.0%。除尼日利亚外，预计西非和中非地区 2023 年经济增长 5.0%，2024 年增长 5.6%。[①]经济发展与电力紧密相关。经济增长速度下降，电力需求也会相应减少。例如，2020 年非洲经济出现衰退迹象，南非 4 月的电力需求同比下降23%，5 月和 6 月同比下降 14% 和 5%。[②] 反之，对非洲经济增长的预测意味着电力需求将反弹。国际能源署（IEA）预测，2023 年非洲电力需求将反弹 3% 以上，2024 年和 2025 年电力需求将平均增长 4.5%。[③]

另一方面，基于对非洲工业化发展趋势的判断，非洲电力市场将对电力供应提出更高要求。虽然到目前为止，非洲的工业化进程一直较为缓慢，但非洲正在为其工业化发展创造一个乐观的前景。其一，非洲经济发展水平和社会治理能力有一定程度提高。这主要反映在过去 20 年非洲大陆经济保持了强劲的增长，并源于营商环境得到改善、宏观经济保持稳定、公共资源得到合理利用、人力资源获得质的提升、金融市场正在稳步扩大等经济发展条件的变化。其二，非洲将有可能迎来人口红利。到 2050 年，非洲将拥有世界上最大的劳动力库，是所有大陆中年轻人口比重最高的大陆。快速增长的劳动力是非洲的一个重要资源，使其很适合发展劳动密集型制造业。随着中国和其他新兴经济体的劳动力成本上升，非洲将享有日益明显的劳动力成本优势。除了量上的优势外，非洲

① "The World Bank in Africa", World Bank, https://www.worldbank.org/en/region/afr/overview, 访问时间：2023 年 3 月 22 日。
② *Electricity Market Report 2020*, International Energy Agency, December 2020, p. 76.
③ *Electricity Market Report 2020*, International Energy Agency, December 2020, p. 109.

新一代劳动力较上一代受到更好的教育，若经过相应的行业技术培训，人口红利是可以实现的。其三，对国内外投资者来说，非洲是一个越来越有吸引力的投资目的地。非洲的主要城市，如开罗、拉各斯、约翰内斯堡和内罗毕，都是外国投资的热门地。随着中国与非洲全产业链合作提速升级，将帮助非洲吸引更多的投资者。其四，非洲正在努力实现经济一体化。2019 年《非洲大陆自由贸易区协定》的生效是非洲区域经济一体化的一个里程碑，这是工业发展的一个必要条件，使其能够实现规模经济效应。当前，非洲正朝着包容和可持续的工业化方向发展，电力将是实现工业化目标的最基本保障。

非洲大陆严重"缺电"的现象，意味着非洲大陆未来电力市场前景广阔，非洲能源电力行业将成为最具前景的投资领域之一。随着非洲发出可再生能源倡议，以及非盟要求实现 2030 年可持续发展目标，非洲国家将进一步加大风能、太阳能等可再生能源领域发展。目前，中国企业已进入非洲可再生能源市场，将进一步提升非洲大陆在该领域的技术能力、专业人才数量，为新能源在非洲大陆的应用开辟广阔前景。

二 非洲是中国光伏"走出去"的重要市场

太阳能是一种可再生能源，几乎可以在世界任何地方收集。太阳能在发电过程中不产生任何有害气体、污水或噪声污染，也不排放任何温室气体，是一种可再生清洁能源。太阳能发电可分为光伏发电（PV）和光热发电（也称聚热式太阳能发电，CPS）。光伏发电是指利用光伏电池的光生伏特效应，将太阳辐射能直接转换成电能。光热发电是指利用大规模阵列抛物或碟形镜面收集太阳热能，通过换热装置提供蒸汽，推动涡轮机发电。太阳能可以满足从家庭到社区再到大规模工业用电需求。非洲拥有大量潜在太阳能资源，整个非洲大陆年平均太阳能辐照量为 2119 千瓦时/米^2，北非的沙漠地区、萨赫勒地区、东非、西非和南部非洲大部分国家太阳能资源最为丰富，年平均太阳能辐照量超过 2100 千瓦时/米^2。[1] 南非和埃及是太阳能资源尤为丰富的国家，它们也是非洲排在前两位的两个太阳能生产国，2020 年太阳能装机容量占非洲的 3/4 以上。[2]

目前，太阳能是非洲发展最快的可再生能源。2011 ~ 2020 年，非洲太阳能发电量年均复合增长率为 54%，是风能（22.5%）的 2.4 倍、地热能（14.7%）的近 4 倍、水能（3.2%）的近 17 倍。2020 年非洲光伏装机容量达到 10.432 × 10^6 万千瓦，[3] 光伏装机容量呈指数级增长态势，2014 年底的累计装机容量为 133.4 万千瓦，是 2009 年（12.7 万千瓦）的 10 倍以上，[4] 到 2030 年非洲将拥有超过 7000 万千瓦的太阳能光伏发电能力。[5] 根据国际可再生能源署（IRENA）的估计，非洲太阳能潜力为 79 × 10^4 万千瓦。

面对如此丰富的太阳能光伏资源，只有具备相适应的光伏发电技术才能保证资源得到合理利用。自 2012 年以来，非洲公用事业规模级太阳能光伏项目产生的电力安装成本下降了 61%，非洲的发电成本低至每瓦 1.30 美元（全球平均水平为每瓦 1.80 美元）。[6] 这得益于大型并网发电厂、太阳能家用系统等技术的普及。尽管如此，仍只有少数非洲国家系统性地部署了具有规模效用的太阳能电力系统，南非、埃及、摩洛哥的

---

[1] *Renewable Energy Market Analysis：Africa and Its Regions*，（Abu Dhabi：International Renewable Energy Agency，January 2022），p. 41.

[2] *Renewable Energy Market Analysis：Africa and Its Regions*，（Abu Dhabi：International Renewable Energy Agency，January 2022）p. 41.

[3] *Renewable Energy Market Analysis：Africa and Its Regions*，（Abu Dhabi：International Renewable Energy Agency，January 2022）p. 42.

[4] *Renewable Energy Market Analysis：Africa and Its Regions*，（Abu Dhabi：International Renewable Energy Agency，January 2022）p. 14.

[5] *Solar PV in Africa：Costs and Markets*，（Abu Dhabi：International Renewable Energy Agency，2016），p. 7.

[6] *Solar PV in Africa：Costs and Markets*，（Abu Dhabi：International Renewable Energy Agency，2016），p. 8.

光伏市场发展较好（见表 2－2）。南非太阳能光伏产业还在稳步发展，2014 年南非光伏装机容量在全球排名第 9 位，[①] 2016 年光伏装机容量达到 136.1 万千瓦（约占当年非洲大陆太阳能光伏累计装机容量的 65%），[②] 2017 年约为 150 万千瓦，[③] 2020 年达到 603.3 万千瓦。[④] 南非还正在开发太阳能资源地图（Solar Energy Resource Maps），利用来自 15 个地面太阳站的测量数据，以促进南部非洲发展共同体（Southern African Development Community，SADC）成员国太阳能资源的利用。埃及 2013 年小型光伏系统总装机容量达到 6000 千瓦，此后在 2014 年采用上网电价（FIT），并随着光伏电池板成本的降低，开始努力普及光伏应用，特别是屋顶系统和路灯照明。截至 2016 年底，埃及太阳能光伏装机容量累计达到 3 万千瓦，2019 年达到 162.7 万千瓦。[⑤] 埃及计划到 2035 年将可再生能源发电量占比增加到 42%，其中光伏发电占 22%，光热发电占 3%。[⑥] 2020 年，埃及各地完成了 123 个容量在 5～500 千瓦的太阳能光伏项目，目前还有许多其他项目正在进行中。[⑦] 摩洛哥有利的地理位置和环境因素，使它在太阳能方面优势显著，平均每天太阳辐照量在 4.7～5.6 千瓦时/米^2，摩洛哥日照时数从北部的每年 2700 小时到南部的每年 3500 小时。摩洛哥于 2009 年启动太阳能计划，到 2018 年太阳能装机容量为 71.08

[①] Olusola M. Akinbami, et. al., "The State of Renewable Energy Development in South Africa: An Overview", *Alexandria Engineering Journal*, 60 (6), 2021, p. 9087.

[②] *Solar PV in Africa: Costs and Markets*, (Abu Dhabi: International Renewable Energy Agency, 2016), p. 30.

[③] Olusola M. Akinbami, Samuel R. Oke, Michael O. Bodunrin, "The State of Renewable Energy Development in South Africa: An Overview", *Alexandria Engineering Journal*, 60 (6), 2021, p. 5077.

[④] "Solar", IRENA, https://www.irena.org/Energy-Transition/Technology/Solar-energy，访问时间：2022 年 12 月 4 日。

[⑤] *Renewable Energy Statistics* 2022, (Abu Dhabi: International Renewable Energy Agency, 2022), p. 48.

[⑥] *Renewable Energy Outlook: Egypt*, (Abu Dhabi: International Renewable Energy Agency, 2018), pp. 26－27.

[⑦] *Renewable Energy Outlook: Egypt*, (Abu Dhabi: International Renewable Energy Agency, 2018), p. 28.

万千瓦，2019 年为 160.9 万千瓦，2020 年达到 200 万千瓦，增长速度非常快，预计 2030 年太阳能装机容量将占可再生能源装机容量的 20%。[①]

表 2-2　南非、埃及和摩洛哥已建成的主要太阳能项目列表

单位：万千瓦

国家	太阳能项目	装机容量
南非	Adams Solar PV 2	8.25
	Aggeneys Solar	4
	Aries Solar	9.7
	Bokomaso	6.8
	Boshoff	6
	De Aar	5
	De Wild	5
	Dreunberg	7.5
	Droogfontein 2	7.5
	Dyason's Klip	7.5
	Greefspan	1
	Noblesfontein	7.38
	Grassridge	6
	Herbert	1.99
	Jasper	9.6
	Kalkbult	7.25
	Kathu	7.5
	Lesedi	6.4
	Letsatsi	6.4
	Linde	3.68
	Zeerust	7.5

---

① M. Boulakhbar, "Towards a Large-scale Integration of Renewable Energies in Morocco", *Journal of Energy Storage*, 32, 2020, p. 2.

续表

国家	太阳能项目	装机容量
南非	Bokpoort CSP	5
	Kathu Solar Park	10
	Kaxu Solar 1	10
	Khi Solar 1	5
	Xina CSP	10
	Ilanga CSP	10
埃及	Kuraymat	14
	Benban	150
	KomOmbo	10
	Siwa	1
摩洛哥	Ain Beni Mather	47.2
	Ourazazatte	58
	Foum Al Oued	50
	Boujdour	10
	Sbkhat-Tah	50
	NOOR Tafilalt	12
	NOOR Atlas	20
	NOOR Argane	20

资料来源：笔者自制。

必须指出，尽管非洲其他国家也拥有与南非、埃及、摩洛哥类似的太阳能资源条件，但大部分并不具备与资源条件相匹配的开发能力。尼日尔是西非地区的国家，是世界上阳光最充足的国家之一，但只有不到1/5 的人口可享受充分的电力服务。在整个西非地区，大约一半的人口处于缺电状态，包括萨赫勒地区在内，只有 3% 的家庭使用太阳能。因此，大规模利用当地的太阳能资源满足群众生活和经济发展的电力需求，特别是在局势动荡的萨赫勒地区，比以往任何时候都更加紧迫。

近十年，中国的光伏技术较受欢迎，特别是自中国提出 2060 年前实现碳中和目标以来。自此，中国光伏行业进入高速发展时期。随着中非双方不断加强各方面的合作，中国的光伏技术将改善非洲国家的电力供应。随着中非关系的发展，非洲将成为中国光伏"走出去"的重要市场。投资离网光伏供电有关项目在很多非洲国家已启动，将满足非洲国家缺电地区民众的基本生产生活用电需求，也将提高非洲缺电地区的通电率。非洲的光照辐射较强，适合使用中国光伏技术，且光伏成本很低。非洲国家，特别是北非及西非地区的国家，太阳能辐照资源很丰富。另外，非洲国家总体光照和土地条件优越，单位千瓦装机平均每天发电量为 4.5～6 度，光伏发电发展潜力巨大。而中国拥有世界上最完整的光伏产业链，包括装备制造、设计建造、运营维护等。非洲当地政府为推动可再生能源的发展，不断探索与中国相关企业（如中国电建集团）合作，为有资金压力的家庭提供补助，包括支持安装离网分布式光伏。

充足的光照资源和自然条件，传统发电成本的不断上升，以及非洲当地电力缺口和经济发展需求，都让非洲发展太阳能光伏的优势越发凸显。非洲大部分国家由于经济条件的制约，很难让光伏市场实现井喷式发展。截至 2019 年底，非洲光伏装机容量为 660 万千瓦，仅占全球光伏装机容量的 1%。离网光伏发电相较非洲国家普遍使用的柴电机发电，具有无污染、性能稳定可靠、操作维护简单、发电成本低等优点，因此非洲国家将更加重视离网光伏发电的使用。当光伏技术的使用范围在全球不断扩大时，非洲作为世界上阳光最充足的地区却几乎没有安装任何新的太阳能系统，这将为中国企业投资非洲光伏产业带来机遇。为此，中国企业要准备更多的交易途径并减少投资风险，包括加强信用评价体系建设等。同时，我们看到中非双方存在资金、技术、资源和市场方面的结构性互补，这种互补性将为中非双方新能源合作提供广阔的发展空间。

　　案例（肯尼亚）：2016 年，中国与肯尼亚共建了东部非洲地区最大的光伏电站——加里萨 5 万千瓦光伏电站，其位于肯尼亚东北部的加里萨郡。中国进出口银行提供约 130 亿肯尼亚先令（约为人民币 9 亿元）优惠贷款，使该项目成为中国优惠贷款在肯尼亚支持的第一个发电项目，由中国江西国际有限公司承建。该项目已完工，成为肯尼亚乃至东部非洲地区最大的并网电站及非洲最大的光伏电站之一，年均发电量可高达 7700 万度，每年为肯尼亚减少 6.5 万吨二氧化碳排放，节约标准煤约 2.447 万吨。[①] 据肯尼亚媒体介绍，该光伏电站建成后为肯尼亚东北地区带来了巨大的经济和社会效益。项目在建设中聘用了肯尼亚当地劳务人员，涉及工种包括制造业、安装、运行和维护等，提高了当地劳动者技能，带动了当地建筑、物流、机电工程安装等上下游产业的发展。

　　案例（埃及）：中东北非地区最大的技术改造项目位于埃及 Benban 太阳能公园，拥有 10 万千瓦光伏电站，采用阳光电源 1500V 集中式逆变器解决方案，替换电站原有产品，用清洁电力点亮荒漠。Benban 太阳能公园由 32 座小型光伏电站构成，可满足当地上万户家庭和企业的用电需求。作为世界上气候最干燥炎热的地区之一，埃及午后极端环境温度可高达 50℃，加之风沙较大，对逆变器质量和散热防护要求严苛。负责该项目的 Enerray 公司原本使用某欧洲品牌逆变器，但因故障频发而被废弃，必须进行技术改造。需要最大限度地保留并匹配原有配套设备以降低改造成本，同时让新安装的逆变器发挥最大效用，提升发电收益。阳光电源技术团队为该项目量身定制方案，如优化逆变器输入输出接口，减少埃及当地人民所需要的逆变器数量，保留项目原本使用的变压器、跟踪支架等部件，

---

① 《中肯务实合作成果丰硕（新时代中非合作）》，人民网，2022 - 07 - 20，http://world. peo-ple. com. cn/n1/2022/0720/c1002 - 32480026. html，访问时间：2022 年 10 月 2 日。

仅设备部分就为埃及节省了约 240 万美元的改造成本。①

三 中非共同实现碳中和目标

什么是碳中和？碳中和是指将一定时间内产生的温室气体排放通过植树造林、节能减排等形式相抵消，实现二氧化碳零排放，即排放的二氧化碳和吸收的二氧化碳总量持平，达到一减一等于零的效果。从科学角度讲，一般认为实现碳中和有两种方法：一是通过特殊的方式去除温室气体；二是使用可再生能源，并减少碳排放。从中非双方来看，中国和非洲通过政策制定和落实、科学研究、人才培养、国际合作等方式，共同努力实现碳中和目标。

中国方面，2020 年 9 月 22 日，中国国家主席习近平在第 75 届联合国大会一般性辩论上发表重要讲话："中国将提高国家自主贡献力度，采取更加有力的政策和措施，二氧化碳排放力争于 2030 年前达到峰值，努力争取 2060 年前实现碳中和。"② 为此，中国在国内和国际上努力践行承诺。

在国内科研和人才层面，碳中和目标一经提出，就在学术界掀起广泛讨论。从数量上看，以主题"中国碳中和"在知网进行检索，共有学术期刊文章 6099 篇，学位论文 138 篇。2021 年，教育部制定《高等学校碳中和科技创新行动计划》，要求高校把发展科技第一生产力、培养人才第一资源、增强创新第一动力更好地结合起来，发挥高校基础研究主力军和重大科技创新策源地作用，为实现碳中和目标提供科技支撑和人

---

① 《阳光电源实力"接盘"！中东北非最大技改项目满周年》，索比光伏网，2021 - 12 - 10，https://news.solarbe.com/202112/10/348237.html，访问时间：2022 年 10 月 3 日。

② 《习近平在第七十五届联合国大会一般性辩论上的讲话（全文）》，求是网，2020 - 09 - 22，http://www.qstheory.cn/yaowen/2020 - 09/22/c_1126527766.htm，访问时间：2023 年 3 月 22 日。

才保障。① 由此，一批碳中和相关研究院相继成立，如深圳理工大学碳中和技术研究所、中国科学院大气物理研究所碳中和研究中心、清华大学碳中和研究院、北京大学碳中和研究院、上海交通大学碳中和发展研究院等。学界对碳中和的研究和讨论，使得各学科领域形成合力为国家实现碳中和目标献计献策，更重要的是极大地推动了相关科学技术的进步，确保中国在碳捕集、利用与封存，电气化，低碳氢及氢基燃料，可持续生物能源等领域都取得重大进步。

在政策制定和落实层面，中国强调顶层设计，全国一盘棋，初步构建了"1 + N"的政策体系。2021 年 9 月 22 日，《中共中央国务院关于完整准确全面贯彻新发展理念做好碳达峰碳中和工作的意见》以"一个指导思想"、"三个主要目标"、"五个工作原则"和"十一个并举措施"明确了中国实现双碳目标的政策制度。随后，又发布了《2030 年前碳达峰行动方案》《科技支撑碳达峰碳中和实施方案（2022—2030 年)》《建立健全碳达峰碳中和标准计量体系实施方案》，统筹落实碳中和这样一个系统工程任务。

在国际上，中国引领全球气候治理和绿色转型。2009 年《联合国气候变化框架公约》缔约方第 15 次会议在哥本哈根召开，它既被视为全球气候合作的新起点，又被认为是一场失败的会议。原因在于它一方面通过国际会议的形式表达出全世界各国要求共同应对气候变化的政治意愿，另一面又未能达成任何具有法律约束力的政治协议。但此次会议上，中国向全世界展现出减排诚意，树立了负责任的大国形象，并主动提出：在 2005 年基础上，2020 年单位 GDP 碳排放强度下降 40% 至 45%。联合巴西、南非等发展中国家，中国提出"共同但有区别的责任"的基本原则和双轨制，维护发展中国家利益。2015 年的联合国气候大会上，中国

---

① 《教育部关于印发〈高等学校碳中和科技创新行动计划〉的通知》，中华人民共和国教育部，2021 - 07 - 15，http://www. moe. gov. cn/srcsite/A16/moe_784/202107/t20210728_547451. html，访问时间：2023 年 3 月 22 日。

对此次会议做出的贡献夯实了其全球气候治理领导者地位。在中国的推动和坚持下，《巴黎协定》最终重申了"共同但有区别的责任"原则，维护了广大发展中国家的利益。中国向国际社会提供气候治理公共产品，启动中国气候变化南南合作基金，为其他发展中国家解决气候变化问题提供资金支持。中国积极主动与西方大国谈判对话，尽可能减少分歧，是多边气候规则的倡导者和制定者，与美国当时退出《巴黎协定》的行为形成鲜明对比。2009 年至今，作为全球最大的碳排放国、第二大经济体，中国在气候变化问题上的主张和努力在全球起到了带动作用。

在非盟层面，非洲向世界做出承诺，非盟《2063 年议程》提出将化石能源在总能源产量中的比例降低至少 20 个百分点，将可再生能源的比例提高至少 10 个百分点。2007 年非盟发起"绿色长城倡议"（Great Green Wall Initiative），目标是恢复当时退化的 1 亿公顷土地，到 2030 年封存 2.5 亿吨碳，创造 100 万个绿色就业机会。[①] 2010 年 11 月 4 日，非洲开发银行（AfDB）启动了一项为期两年的技术援助计划——非洲碳支持计划（African Carbon Support Program）。2017 年非盟联合非洲发展银行建立非洲国家自主减排中心（Africa NDC Hub），制定了非洲减排工作的路线图。2018 年非盟召集了非洲的主要金融机构，包括中央银行、保险公司、主权财富和养老基金、证券交易所以及商业和开发银行，发起非洲气候变化金融联盟（African Financial Alliance on Climate Change，AFAC），将金融部门置于非洲气候行动的中心，动员私人资本，通过知识共享、气候风险缓解金融工具、气候风险披露和气候资金流动方面的行动，以期实现整个非洲大陆的低碳和气候适应型发展。2021 年非盟启动了 2021～2027 年非洲绿色复苏行动计划（African Union Green Recovery Action Plan 2021—2027），与《巴黎协定》制定的目标保持一致，重点关

---

① "Great Green Wall Initiative", Union Nations Convention to Combat Desertification, https://www.unccd.int/our-work/ggwi#:~:text = Launched%20in%202007%20by%20the%20African%20Union%2C%20t，访问时间：2023 年 3 月 23 日。

注气候融资、可再生能源、弹性城市、土地利用和生物多样性等关键领域。

在非洲国家层面，非洲国家在联合国气候变化大会第 26 届缔约方大会上，宣布 54 个国家自主贡献（NDCs）。非洲许多国家都将自主减排任务纳入国家发展战略中，如南非承诺到 2030 年减少 28% 的温室气体排放，2020 年发布《低碳减排发展战略》（Low-Emission Development Strategy，LEDS），2021 年更新国家自主贡献，提出到 2050 年实现碳中和的减排承诺。加蓬将保护刚果盆地森林资源作为重点工作，目前已经实现了碳中和，实际上已成为"负碳"国家，即从大气中吸收的二氧化碳比排放的还要多。津巴布韦制定了《2020—2050 年低排放战略》，并开始从"碳信用额"市场中获利。联合国气候变化大会第 27 届缔约方会议（COP27）上确定"非洲碳市场倡议"（Africa Carbon Markets Initiative），目的在于加速非洲参与全球碳市场的进程，肯尼亚、加蓬、马拉维、莫桑比克、多哥、尼日利亚、布隆迪、卢旺达等非洲国家积极加入该倡议，埃及在会议期间第一个启动了非洲自愿碳市场。

目前，中非携手推动实现碳中和目标，为全球气候变化做出贡献。2021 年《中非应对气候变化合作宣言》表明，中国和非洲对自然生态环境和社会经济发展重大挑战有深刻的共同认识。绿色发展成为中非合作的重点之一，中非合作论坛北京峰会"八大行动"包含"绿色发展"，中国将在非洲实施 50 个绿色发展和生态环保援助项目。面对新冠疫情冲击，中非共建绿色"一带一路"的合作机制，以新的发展理念助力双方经济绿色复苏。《中非合作 2035 年愿景》要求中非共同打造绿色发展新模式，实现中非生态共建。2020 年中非环境合作中心正式启动，有利于对标非洲需求，使中非绿色合作惠及非洲人民。中国一大批具备先进清洁能源技术的公司走进非洲，如中国东方电气公司、中国龙源电力集团、中国江西国际经济技术合作公司等，它们利用技术优势，帮助非洲急需的绿色环保和清洁能源合作项目在非洲落地生根。

第三节　中非投资合作的机遇

2021 年，中国外交部发言人汪文斌称"中非投资合作发展前景光明、大有可为"。这是因为中国对非投资向来重视非洲的真实需求，中国提倡非洲的问题要由非洲人民自己解决。中国国家主席习近平曾深刻阐释中国在对非合作中应当践行的"四个坚持"和"五不"原则，中国以"己所不欲，勿施于人"的传统理念提供非洲发展所需帮助，坚持正确的义利观，使中非投资合作惠及双方。

新形势下，非洲成为世界各大国关注的焦点。新冠疫情后，非洲各国产生强烈的经济复苏愿望，对国外直接投资需求增强。由于中国近年来经济实力有所提升和壮大，以及用包容的心态视非洲为一个开放的合作平台，中国在非投资将有更广阔的空间。《中非合作 2035 年愿景》指出，至 2035 年中国新增对非投资将达 600 亿美元。[①] 2018 年 4 月世界银行发起"非洲数字经济倡议"，非洲经济发展获得新的动力，也为中国对非投资提供了新机遇。

一　非洲是中国对外直接投资的热点

中国经济增长快，是世界上唯一在 2020 年实现了经济正增长的国家。2020 年，中国国内生产总值高达 101.6 万亿元，固定资产投资达 51.89 万亿元，进出口总额达 32.12 万亿元。[②] 非洲大陆在过去 5 年内也实现了经济正增长，2020 年经济增长放缓。中国经济向上发展增强中国对非投资实力，非洲经济利好意味着非洲对中国投资需求强烈。新形势

[①]《中非合作 2035 年愿景》，国家国际发展合作署，2021 – 12 – 09，http：//www. cidca. gov. cn/2021 – 12/09/c_1211480567. htm，访问时间：2023 年 3 月 28 日。

[②] Wang Junwei，"China's Economic Performance in 2020"，China Daily News，2021 – 01 – 18，https：//global. chinadaily. com. cn/a/202101/18/WS60053040a31024ad0baa352f. html，访问时间：2021 年 1 月 19 日。

下，非洲是中国对外投资的热点地区。数据显示，2021 年中国对非全行业直接投资额达 37.4 亿美元，同比增长 26.1%。[①] 总体上，中国对非洲直接投资总额占比仍低于西方发达国家，但鉴于大部分非洲国家受到快速城市化、中产阶级崛起、工业化加速等新驱动因素的影响，中国对非投资合作的增长空间广阔，[②] 越来越多的国有企业、民营企业将视线投向非洲。

自中非合作论坛成立以来，中非合作实践表明该合作论坛不断促进中非经贸合作在宽度、深度、数量和质量上都取得了巨大进步。当前，中国对非投资呈现以下特点。

一是中国对非投资活动活跃。从企业数量看，截至 2021 年，中国境内投资者共在全球 190 个国家（地区）设立对外直接投资企业 4 万家，在非洲的境外企业覆盖率达到 86.7%（仅次于在欧洲的境外企业覆盖率 87%），覆盖非洲 52 个国家。[③] 近 10 年，工商银行、中国银行、交通银行、中国进出口银行均在非洲设立了分行，埃及、南非、肯尼亚等非洲国家的银行纷纷开通了人民币业务，反映出中国在非洲的投资企业和业务量显著增加。从中国对非投资额看，根据《中国对外投资合作发展报告》已有的历年数据，2004～2008 年，中国对非投资流量逐年增加，2008 年的增长率高达 248.8%。受 2008 年金融危机影响，中非投资额有所下降，但 2009 年后又逐步回升。[④] 2010～2021 年，中国对非投资流量呈增长态势（见表 2 – 3）。2012 年，非洲已经成为中国对外投资的第四大目的地。2016 年末，中国企业在非洲地区的 52 个国家开展投资活动，投资覆盖率为 87%，设立的境外企业超过 3200 家，占境外企业总数的 8.8%。[⑤] 2019

---

① 《2021 年中非经贸合作综述》，中华人民共和国商务部，2022 – 04 – 28，http：//xyf. mofcom. gov. cn/article/tj/zh/202204/20220403308229. shtml，访问时间：2023 年 3 月 23 日。

② 朴英姬：《深化中国对非投资合作的新动力与新思路》，《西亚非洲》2019 年第 5 期。

③ 中华人民共和国商务部：《中国对外投资合作发展报告 2013》，2013 年 12 月，第 44 页。

④ 中华人民共和国商务部：《中国对外投资合作发展报告 2017》，2017 年 12 月，第 81 页。

⑤ 中华人民共和国商务部：《中国对外投资合作发展报告 2020》，2020 年 12 月，第 100 页。

年，中国对 19 个非洲国家的投资增幅超 10%，^① 在南非的直接投资存量达到 61.5 亿美元，居非洲首位。^② 2021 年中国对非投资流量为 49.9 亿美元（存量达到了 441 亿美元），比上年增长 18%，占当年对外直接投资流量总额的 2%，主要流向刚果（金）、赞比亚、几内亚、南非、肯尼亚、尼日尔、毛里求斯、尼日利亚、埃及、阿尔及利亚、刚果（布）等国家。^③ 当前，中国是非洲国家的主要投资来源国，中国企业是非洲国家扩大生产和拉动就业的重要贡献者。从对非贸易、对非投资以及对非援助的深度和广度上看，没有任何国家能与中国相比。

表 2 – 3　2010 ~ 2021 年中国对非洲直接投资流量

单位：亿美元

年份	2010	2011	2012	2013	2014	2015	2016	2017	2018	2019	2020	2021
投资流量	21	31.7	25.2	33.7	32.0	29.8	24.0	41	53.9	27.1	42.3	49.9

资料来源：根据历年中华人民共和国商务部《中国对外投资合作发展报告》数据整理得出。

二是投资领域日益广泛。建筑业和采矿业一直占据中国对非投资行业排名的前两位。随着中非合作深入，投资领域也在拓宽。2021 年中国对非洲直接投资存量的前两位仍然是建筑业和采矿业，接下来依次是制造业、金融业、租赁和商务服务业（见表 2 – 4）。此外，中国对非投资逐渐流向非洲的农业、铁路、清洁能源和电信等多个热门领域。这主要是因为两股"推力"和"拉力"相结合形成强大驱动力。"推力"是指中国领导人大力推行"走出去"战略，鼓励中资企业"走出去"探索新的投资机遇；而"拉力"指的是非洲国家面临基础设施落后、高科技技术领域难以突破等发展受限的事实，如果缺少中国对这些领域的投资，非洲国家经济发展想要取得成效将十分困难。如今，工业园区的投资受

---

① 《2020 年中非经贸合作综述》，中华人民共和国商务部，2021 – 04 – 12，http：//xyf. mofcom. gov. cn/article/tj/zh/202104/20210403051448. shtml，访问时间：2023 年 3 月 23 日。

② 中华人民共和国商务部：《中国对外投资合作发展报告 2020》，2020 年 12 月，第 72 页。

③ 中华人民共和国商务部：《中国对外投资合作发展报告 2021》，2021 年 12 月，第 100 页。

到中非双方欢迎，经中国国家备案的经贸合作园区已有 25 个，入园企业已超过 540 家，累计投资 70 亿美元，创造就业岗位近 5 万个。随着电子支付在中国国内的兴起和普及，中资企业越来越关注非洲支付平台方面的投资机遇。中资企业创办的电子支付平台 LipaPay 在肯尼亚、尼日利亚、乌干达均设有站点，支持收账、本地与国际转账、分期支付等业务。[①] 中资企业如华为、中兴两家中国电信巨头，为非洲大部分国家建设了电信基础设施，对非洲各国电信发展给予很大帮助。中国企业在非洲国家投资大型工程项目，如：2015 年完成了耗资高达 12 亿美元的坦桑尼亚天然气处理厂及管线输送项目；2016 年修建了耗资超过 30 亿美元的亚的斯亚贝巴—吉布提铁路（亚吉铁路，全长 750 公里）；2017 年在肯尼亚顺利完成了耗资高达 40 亿美元的蒙巴萨—内罗毕铁路（蒙内铁路，全长 750 公里）。此类基础设施建设受到非洲人民欢迎。

表 2 - 4　2021 年中国对非洲直接投资存量行业分布情况

单位：亿美元

投资领域	建筑业	采矿业	制造业	金融业	租赁和商务服务业	其他
投资存量	163.6	99.9	59.3	42.0	20.4	56.9

资料来源：中华人民共和国商务部《2021 年度中国对外直接投资统计公报》，第 29 页。

随着中非合作论坛深入发展，中非合作机制逐步健全，中非合作内容更加丰富，中国对非投资将更活跃、更多元。例如，蒙内铁路、亚吉铁路等重大基础设施项目使中国在非洲有更广的发展空间，使非洲国家对与中国合作更信任。非洲国家，特别是在逆全球化不断抬头的时代，需要更多的电信、桥梁、港口、机场等基础设施建设投资，也需要制造业、农业、医疗等领域的投资。毋庸置疑，中国具备这样的实力。

---

① 周亚滨：《推动中非经贸合作走宽走实走远》，《中国投资》2020 年第 6 期。

案例（津巴布韦）：2022年10月6日，由中国青山控股集团在津巴布韦的子公司——鼎森钢铁公司投资兴建的钢铁厂落地津巴布韦中部省姆武马地区的曼希兹（Manhize），鼎森钢铁公司将在该地区投资数十亿美元，预计2023年底投产，年产普碳钢60万吨，并将在2024年实现年产1000万吨的目标，提供4000～5000个就业岗位。采矿业是津巴布韦支柱产业之一，对津巴布韦经济发展具有重要意义。目前，津巴布韦正在开发新的、储量丰富的锂矿和铬矿。[①]

二　数字经济和电子商务点亮中非合作

数字经济将全方位引领未来，这可能是一个新的起点。近年来，非洲国家通信基础设施正在快速发展，大部分非洲国家正在部署宽带光纤电缆，非洲部分国家不断推进4G和5G高速网络建设。同样，非洲的智能手机市场也迅速发展，使更多非洲人民能够使用更高速的网络。所有这些现象都预示着一个重要的经济发展趋势，即非洲数字经济和电子商务的潜力巨大。

非洲数字经济和电子商务将成为中非合作新亮点，原因在于以下几点。

其一，随着互联网的全球化发展，信息技术在各个领域得到广泛运用。数字经济应时而起，逐渐成为带动全球经济增长的新动力。自新冠疫情发生以来，人们进一步认识到互联互通对社会和经济发展的价值，数字经济的重要性突显。疫情期间，电信运营商网络流量和连接量不断增加，给网络运营带来巨大压力，同时也为该领域创造了投资机遇。就非洲大陆而言，截至2017年底，非洲大陆互联网用户数高达3.39亿人，

[①] 《青山集团大力推进津巴布韦钢铁项目，建设非洲最大钢铁厂》，中国金属学会，2022－07－14，https://www.csm.org.cn/art/2022/7/14/art_6296_333872.html，访问时间：2023年7月13日。

占非洲人口数的27%，占全球互联网用户总数的9.2%。相对于世界其他地区而言，非洲地区的互联网普及率最低。因此，非洲互联网才有更大的拓展空间。麦肯锡（McKinsey）公司的一份报告估计，随着越来越多的非洲人接触互联网，到2025年，非洲地区的网购销售将占零售额的10%左右，价值约为750亿美元。根据全球移动通信系统协会最新发布的《2020撒哈拉以南非洲移动经济》报告，截至2019年底，撒哈拉以南非洲地区移动用户数量近5亿人，到2025年将新增1.3亿人，这将是中国电商企业的巨大商机。[①] 从表2-5可看出，非洲地区互联网用户呈逐年增长趋势。

表2-5　2013~2022年非洲地区互联网用户数量及渗透率情况

单位：万人，%

年份	互联网用户数	互联网普及率
2022	57394	56
2021	52107	46
2020	47030	40.5
2019	42162	31.6
2018	37504	29.0
2017	33917	27.0
2016	28920	23.6
2015	25884	21.7
2014	21228	18.3
2013	17732	15.6

资料来源：《非洲新经济白皮书（2019版）》《2022年撒哈拉以南非洲移动经济报告》。

其二，非洲青年人口占比大，是参与数字经济和电子商务活动的主力军。互联网的全球普及、大规模采用移动设备以及社交和娱乐在线平

---

① 《非洲数字经济发展的挑战与机遇：中非合作带来新动力》，上海师范大学非洲研究中心，http：//shcas. shnu. edu. cn/19/72/c18799a727410/page. htm，访问时间：2020年11月12日。

台的整合催生了数字经济，能够掌握必要技术和技能的青年成为这种经济模式的消费者、生产者。可以说，是青年人促进了互联网的蓬勃发展。2020年，非洲人口的平均年龄为19.7岁（拉丁美洲和加勒比地区为31岁，亚洲为32岁，大洋洲为33.4岁，北美洲为38.6岁，欧洲为42.5岁）；35岁以下人口近10亿，占世界青年人口的22.7%。从现在到2100年，非洲的青年人口预计将增长181.4%（欧洲将萎缩21.4%，亚洲将减少27.7%）。到2100年，非洲的青年人将相当于欧洲总人口的两倍，世界上近一半的青年人将来自非洲。① 在经济全球化背景下，不断扩大的非洲青年人口中有太多人失去了发展机会，而数字技术将为青年人提供机会。非洲地区的青年人需要掌握数字技能，这对于在日益数字化的全球经济中取得发展至关重要。信息和通信技术（ICT）在整个非洲大陆十分活跃，非洲青年人正在用数字技术应对新冠疫情带来的挑战。例如，肯尼亚信息通信技术部创建了Msafari，这是一个可以追踪感染传播人员的应用程序。摩洛哥也开发了类似的应用程序Wiqaytna6。在卢旺达，90%的人口可以使用宽带互联网，75%的人口拥有手机，政府在数字基础设施方面投入了大量资金。新冠疫情期间，卢旺达开发实时数字地图来跟踪病毒的传播，采用远程医疗以减少民众前往诊所就诊次数，创建聊天机器人来向民众宣传疫情防控知识。

其三，非盟和非洲自贸区建设要求大力发展数字经济。电子商务是非洲国家签署启动《非洲自由贸易协定》第三阶段谈判的重要一环，在这一阶段非盟成员国缔结了"非洲大陆自贸区电子商务议定书"，以促进非洲国家、次区域建立电子商务平台。2021年1月1日非洲大陆自由贸易区（AfCFTA）正式启动，为便利非洲内部和非洲与外部的贸易往来，特别需要数字经济和电子商务为其赋能。根据《非洲数字化转型战略（2020—2030）》制定的目标，到2030年非洲将建立一个安全

---

① Camilla Rocca, Ines Schultes, "Africa's Youth: Action Needed Now to Support the Continent's Greatest Asset", *Mo Ibrahim Foundation*, 2020, p. 2.

的"数字单一市场"（Digital Single Market）。第 36 届非盟峰会期间，非盟启动了智能金融和数字银行计划。非盟与非洲电子贸易集团（AeTrade Group）联合推出电子商务平台 Sokokuu，共同带动了非洲电子商务发展。非盟成员国也积极采取行动，2021 年 4 月 1 日，南非通信和数字技术部（Minister of Communications and Digital Technologies）发布了《国家数据和云政策草案》（Draft National Data and Cloud Policy），旨在将南非转变为数据密集型和数据驱动的数字经济国。南非政府批准建立了一个综合生物识别数据库，以强化该国的数字身份。目前，南非有 12 家数据中心提供商，拥有 40 多个数据中心设施。① 此外，尼日利亚、埃塞俄比亚、肯尼亚、摩洛哥、加纳、塞内加尔、乌干达等国不仅出台了本国的数字经济发展政策，而且配套建设了相关的人工智能中心，进行技术开发和应用。

2018 年 9 月，中非合作论坛北京行动计划鼓励中非企业在信息通信基础设施、互联网、数字经济等领域开展合作。2021 年 8 月，中国在中非互联网发展与合作论坛上，提出"中非数字创新伙伴计划"的设想。数字经济正成为中非合作共赢的新领域、新方向，中国企业与非洲本土主要通信运营商建立了合作关系，为非洲国家建设先进的通信网络。新冠疫情期间，中国企业不断积极向非洲国家当地企业分享借助人工智能以及云经济抗击疫情的经验。数字合作平台、网络推广会、直播电商等互联网经济合作模式层出不穷，有效服务了中非企业对接，带动了非洲国家特色产品出口。例如，阿里巴巴通过倡导的世界电子贸易平台（eWTP）与卢旺达、埃塞俄比亚等非洲国家企业已开展了通关、支付、物流等方面的合作，帮助愿意参与的非洲当地企业实现与中国，甚至与世界其他国家开展数字化贸易合作。中国企业中兴早在 1997 年就进入非

---

① "Cloud and Data Centre Growth in South Africa – 2021 to 2025", Research and Markets, https：//www.researchandmarkets.com/reports/5237863/cloud-and-data-centre-growth-in-south-africa, 访问时间：2023 年 3 月 23 日。

洲市场，目前已在超过 50 个非洲国家开展海外业务，为非洲当地 140 余家运营商提供设备和服务，主要提供全系列产品及方案；同时，在部分非洲国家已开展了 IOT、AI 运维方面的多项创新项目。截至 2020 年中，中兴在非洲共有超过 30 个代表处和超过 1000 名员工。中非桥电子商务有限公司的诞生也是中非数字经济合作的典型代表，该公司成立于中国电商之都杭州，以搭建中非贸易服务桥梁、打造中非青年创客平台为使命，通过中非双方线上线下平台搭建、中非智库研究、中非资源对接、中非海内外运营、中非人才培养、中非供应商联盟、中非咨询商旅等服务体系建设，打造中国国内首个以"智库 + 运营""O2O + BSB"为核心理念的中非跨境贸易服务平台。

非洲国家正在深度融入数字经济时代。预计到 21 世纪中叶，非洲总体人口增长将占到全球人口增长的近一半，非洲中产阶级消费能力也将增强。这将进一步促进非洲的发展。大数据、移动支付等都将应运而生。电子商务是一个快速发展的行业，多年来一直以两位数的增速持续增长。新冠疫情对包括非洲大陆在内的世界经济造成了巨大的破坏，但对于部分非洲国家的电子商务企业如 Jumia、Kilimall、Konga 等，这场危机可能带来了新的机遇，为非洲国家数字经济加速发展带来了契机。疫情暴发导致的限制出行和封锁等措施，提高和激发了非洲老百姓对网购和送货的认识和好奇心，甚至让很多以前不知道网购的非洲老百姓开始了解网购。中国电子商务起步较早，拥有发达的线上支付系统以及全球最大的电子商务网站。非洲国家在电子商务领域较落后，可以与中国合作，学习中国的电子商务市场发展经验和模式。中国企业拥有领先的技术或者先进的技术平台，为非洲大陆构筑电子商务生态系统、加快数字化转型提供了有力支持。总之，中非应该在数字人才、数字技术、数字设备、数字贸易等方面加大数字经济合作力度，扩展数字合作领域，助力非洲经济实现包容性增长。

遗憾的是，大多数非洲国家依然没有稳定的网络，有些非洲国家仍在使用 3G 网络，带宽受限制，中国在 30 年前也是如此。因此，中国的投资者，特别是创业者，对于如何以低成本开发、利用有限的服务器资源进行运维等很有经验。这对于非洲很多公司的创业者很重要，能够帮助他们节省成本、提升效率。

　　案例（卢旺达）：随着直播带货越来越受欢迎，卢旺达驻华大使詹姆斯·基莫尼奥在中国不同场合不断介绍卢旺达投资环境，特别是推进卢旺达产品进入中国市场。2020 年，詹姆斯大使参与了超过十次直播，推介卢旺达咖啡、辣椒等土特产和旅游产品。2020 年 6 月 26 日，詹姆斯大使与阿里巴巴旗下盒马鲜生组织了一场卢旺达辣椒的直播推广活动。该活动是卢旺达产品在中国市场在线推广活动的一部分。卢旺达政府通过与阿里巴巴签订 eWTP 协议，持续在中国在线推广卢旺达产品。在直播中，詹姆斯大使强调了卢旺达与中国的合作对卢旺达的重要性，提到与阿里巴巴在 eWTP 平台的合作如何不断帮助卢旺达农民向中国出口自己的农产品。[①] 2020 年，由于疫情的暴发，人员流动受限，卢旺达商品出口遇到大难题，但电商平台让这个难题在一定程度上得到了缓解。詹姆斯大使表示，卢旺达希望加快发展移动技术，成为数字经济生态系统的一员。2019 年卢旺达与阿里巴巴签署 eWTP 合作协议，该合作项目不断帮助卢旺达发展自己的数字经济，使卢旺达的企业能够参与全球贸易，并促进了卢旺达旅游业的发展。

　　案例（吉布提）："数字创新和跨境电商"训练营于 2022 年 9 月 21 日在吉布提首都吉布提市结束。这一培训项目为期 8 天，近 30

---

① 《电子世界贸易平台首次落地非洲 卢旺达与阿里签署合作备忘录》，人民网，2018 - 11 - 01，http://world. people. com. cn/n1/2018/1101/c1002 - 30376548. html，访问时间：2022 年 12 月 15 日。

名来自吉布提、埃塞俄比亚、肯尼亚和乌干达的非洲青年企业家通过中非专家联合授课、主题讲座和研讨会等形式，学习创业运营知识并分享创业心得。其中，有一名来自乌干达的青年企业家迪亚拉。迪亚拉曾先后在西安和北京学习生活共 11 年。她说，中国唤醒了她的创业精神，对于回到乌干达后看到的很多问题，她都能在中国的经历中找到对应解决办法。迪亚拉在中国看到人们通过互联网和手机应用快速获取所需医疗信息和建议，而智能手机在乌干达乃至整个非洲正在快速普及，这启发了她和伙伴们一起开发相关手机应用，并希望能以此帮助更多乌干达人。现在，迪亚拉已在乌干达首都坎帕拉成立了一家健康科技初创公司，公司名在当地主要语言卢干达语中意为"我的医生"。公司开发的同名手机应用已正式上线，通过与当地医疗从业者委员会合作，为使用者提供专业的在线问诊服务和医疗保健建议。[1]

第四节　中非蓝色经济合作的机遇

世界人口的 40% 居住在沿海地区附近，超过 3 亿人利用海洋谋生，世界贸易的 80% 是通过海洋实现的。联合国 2030 年可持续发展议程第十四个目标（SDG14）涉及保护和可持续利用海洋与海洋资源以促进可持续发展，并要求开展国际合作，使海洋恢复平衡。2012 年，联合国的一次会议上首次介绍了"蓝色经济"，并强调了可持续管理，其依据是海洋生态系统在健康时更具生产力。"蓝色经济"是一个与海洋环境的开发和养护相关的经济术语，有时被用作"可持续海洋经济"的同义词。在过去几年中，"蓝色经济"一词的使用有所增加。例如，联合国、欧

---

[1] 《非洲青年数字创新背后的"中国经验"》，人民网，2022 - 09 - 23，http：//world. people. com. cn/n1/2022/0923/c1002 - 32532762. html，访问时间：2022 年 10 月 15 日。

盟、经合组织和世界银行都使用"蓝色经济"一词来解释可持续性、经济和海洋之间的联系,这正符合 SDG14 的理念。联合国将蓝色经济定义为与海洋和沿海地区相关的一系列经济活动,同时这些活动应可持续并保障社会公平,同时指出跨国界和跨部门全球合作的重要性。

2015 年《中非合作论坛约翰内斯堡峰会宣言》和 2018 年中非合作论坛北京峰会"八大行动"都明确双方应加强蓝色经济合作。中非蓝色经济合作,既是中非经济可持续发展的重要手段,符合双方利益;也是对接"一带一路"倡议和非盟《2063 年议程》的具体体现,有利于中非共建高质量"一带一路"。

一　中非蓝色经济合作基础坚实

2019 年 4 月 23 日,习近平主席出席中国人民解放军海军成立 70 周年多国海军活动时指出:"我们人类居住的这个蓝色星球,不是被海洋分割成了各个孤岛,而是被海洋连接成了命运共同体,各国人民安危与共。"[1]构建"海洋命运共同体"这一思想理念,为各国共同努力实现海洋可持续发展指明了前行方向。2015 年通过的《中非合作论坛约翰内斯堡峰会宣言》第二十五条第二点提出"坚持弘义融利,促进共同发展","海洋经济"应优先推进。2018 年,中非合作论坛北京峰会提出的"八大行动"之一便是实施"绿色发展行动","海洋合作"应重点加强。基于联合国对"蓝色经济"重要性的理解,以及中非双方可持续发展和中非合作的共同诉求,新形势下中非应强化海洋合作,共谋海洋经济发展符合中非双方利益。

(一) 中非蓝色经济合作高度共识是深度合作的前提条件

新形势下,中非是全球蓝色经济建设的重要推动者和参与者,中非

---

[1]　《携手构建海洋命运共同体（命运与共）》,人民网,2021 - 06 - 10,http:∥world. people. com. cn/n1/2021/0610/c1002 - 32127020. html,访问时间:2023 年 3 月 11 日。

发展蓝色经济的意愿十分强烈，双方在蓝色经济合作领域达成了高度共识。

1. 中非双方发展蓝色经济意愿强烈

中国方面，十八大报告首次提及建设海洋强国；十九大报告明确"加快建设海洋强国"；2018 年 4 月 12 日，习近平总书记在海南考察时明确提出建设海洋强国是实现中华民族伟大复兴的重大战略任务。这意味着中国对蓝色经济的重视程度逐步上升到"蓝色国土"的新高度。十八届五中全会后，拓展"蓝色经济"空间开始频繁出现在政府尤其是涉海相关文件中，如《中华人民共和国国民经济和社会发展第十四个五年规划和 2035 年远景目标纲要》将"海洋"列为专章。二十大报告上，习近平主席重提"发展海洋经济""加快建设海洋强国"。实际上，中国早在 2012 年就向联合国可持续发展大会提出使用"蓝色经济"概念。2017 年联合国海洋可持续发展会议上，中国提出构建"蓝色伙伴关系"的倡议。

非洲方面，非盟是非洲蓝色经济建设和发展的核心力量。2012 年《2050 年非洲综合海事战略》（*Africa's Integrated Maritime Strategy 2050*，AIMS 2050）出台，表明非洲对海洋在创造财富方面具有巨大的潜力有了清晰认识。[①] 2016 年在非盟海事安全特别峰会上通过了《非盟关于海事安全、防卫与发展的宪章》（*African Charter on Maritime Security, Safety and Devel-opment*），即《洛美宪章》，凸显了海事安全、防卫和发展对海洋经济的重要性，进一步提高了海洋在非洲社会经济发展中的地缘战略重要性。2018 年全球可持续蓝色经济会议在肯尼亚内罗毕召开，参加会议的非洲领导人表示非盟将与利益攸关方合作，制定非洲蓝色经济战略蓝图，指导海洋、湖泊和河流资源的可持续发展和利用，以实现蓝色经济的增长。2019 年《非洲蓝色经济战略》（*Africa Blue Economy Strategy*）

---

① *Africa's Integrated Maritime Strategy 2050*, African Union, October 1, 2015, p. 7.

获批，目标是指导发展包容和可持续的蓝色经济，概述了非洲蓝色经济发展变革的关键驱动因素、面临的战略和技术挑战，并确定了非洲可持续蓝色经济发展的优先领域。非盟已将蓝色经济发展确定为实现非盟《2063 年议程》背景下"基于包容性增长和可持续发展的繁荣非洲"愿望的优先目标。根据该战略要求，制定了配套方案《非洲蓝色经济战略实施计划 2021—2025》（*Africa Blue Economy Strategy Implementation Plan 2021—2025*），从五个专题领域进行翔实的方案设计，使之形成一个相互交叉的综合性蓝色经济发展计划。通过逐步完善政策、方案、计划，非洲建构了符合自身利益和实际情况的蓝色经济战略，并在此过程中积极开展国际合作，获得国际社会的认同和支持。

2. 中非正迈向构建更加紧密的"蓝色伙伴关系"

一方面，中国与非洲个别国家已经建立起制度化的蓝色经济合作。2013 年和 2018 年，中国与南非、塞舌尔分别签署了《海洋与海岸带领域合作谅解备忘录》《关于面向蓝色伙伴关系的海洋领域合作谅解备忘录》，这些政府间海洋领域合作文件成为中非构建蓝色伙伴关系的范本。另一方面，构建中非蓝色伙伴关系已经具备政治互信条件。中国倡导的蓝色伙伴关系原则，即通过共商、共建全球蓝色伙伴关系共享蓝色经济发展成果，中非构建蓝色伙伴关系遵循这一原则。《中非合作论坛—约翰内斯堡行动计划（2016—2018 年）》提出，"非方欢迎中方推进'21 世纪海上丝绸之路'"，"双方将推进蓝色经济互利合作"，"鼓励在中非合作论坛框架内建立海洋经济领域的部长级论坛"。[①] 2018 年，《中非合作论坛—北京行动计划（2019—2021 年）》提出，"双方认识到海洋经济领域的巨大合作潜力，将共同推进蓝色经济互利合作"。[②] 2021

---

① 《中非合作论坛—约翰内斯堡行动计划（2016—2018 年）》第 3 点"经济合作"，第 5 小点"海洋经济"第 1 条和第 4 条。
② 《中非合作论坛—北京行动计划（2019—2021 年）》第 3 点"经济合作"，第 5 小点"海洋经济"第 1 条。

年，《中非合作 2035 年愿景》提出，"中非在海洋资源增值和可持续利用方面开展广泛合作"。

3. 中非蓝色经济合作机制朝立体化方向发展

正如《非盟关于海事安全、防卫与发展的宪章》对蓝色经济的深刻认识，中非蓝色经济合作机制也在向政治、经济、安全和治理等多维立体平台发展。

政治合作孵化平台——中非合作论坛。自 2000 年中非合作论坛机制建立，中非为新形势下双方以高层互访和对话方式加强磋商与合作定下基调，并确定了双方在多边合作、和平与安全、经济发展、社会发展和发展援助领域的行动方向。2015 年和 2018 年的中非合作论坛将"蓝色经济"概念着重单列，并由此产生后续行动计划。例如，加强海洋领域的交流与技术合作；探讨共建海洋观测站、实验室、合作中心；发展近海水产养殖；开展海洋运输、造船，建设港口和临港工业区；加强海洋环境管理；等等。可见，中非合作论坛对中非蓝色经济合作具有指向性和推动性作用，双方以论坛为根基达成蓝色经济合作的高度共识。

经济合作实践平台——中非共建"一带一路"。"一带一路"倡议的首要意义在于其经济内涵，中非共建"一带一路"为中非双方经济发展注入新的活力。2017 年，中国国家发展改革委和国家海洋局联合发布《"一带一路"建设海上合作设想》，提出共建中国—印度洋—非洲—地中海蓝色经济通道，将"一带一路"非洲沿线国家统筹纳入中非蓝色经济合作领域。例如，中非在海洋渔业上实现"双红"平衡发展，即经济发展与生态保护的双赢，完全摒弃了西方"掠夺式"合作模式。[①] 中国通过合资或收购模式，在莫桑比克、吉布提建设开发巴加莫约港、吉布提集装箱码头。中国企业中交集团在肯尼亚投资拉姆港三个泊位项目，

---

① 贺鉴、段钰琳：《论中非海洋渔业合作》，《中国海洋大学学报》2017 年第 1 期。

在科特迪瓦投资扩建阿比让港口，在刚果（布）投资建设黑角新港。此外，中国路桥、国机集团、中国港湾等企业在非洲国家大量投建港口项目，粗略统计中国在非洲的港口投资项目多达33个。[①]

安全合作互助平台——中非和平安全论坛。2018年9月3日，中非和平安全论坛成立，首届论坛以"携手合作，共筑安全"为主题。2022年7月25日，第二届中非和平安全论坛主题为"加强团结协作，实现共同安全"，并提出深化海上联演联训等具体内容。中非蓝色经济合作离不开海洋安全保障，依托中非和平安全论坛机制，中非安全领域交流和合作为蓝色经济建设提供了新平台。中国致力于提高非洲维护海上安全与反海盗行动能力，不仅兑现中非守望相助的承诺，更为中非蓝色经济建设提供安全保障。

治理合作共享平台——《中非应对气候变化合作宣言》。气候变化是中非共同面临的挑战，海洋环境治理是应对气候变化的重要部分。2021年11月29日，中非合作论坛第八届部长级会议通过《中非应对气候变化合作宣言》，宣告了中非为应对气候变化而拓宽合作领域的共识。中非将围绕海洋开展务实的合作项目，共同应对气候变化挑战。例如，2015年建立中国—桑给巴尔联合海洋研究中心，以该联合海洋研究中心为依托，在海洋遥感、海洋地质、海洋生物、海洋物理、海洋化学等领域开展合作；建立中非海洋科技论坛，通过研讨、学习、交流等方式开展对话磋商和援助活动。[②]

（二）中非蓝色经济合作互补性增强进一步夯实双方合作

中非要深化蓝色经济合作，必须分析双方各自的优势，取长补短。当中非蓝色经济合作形成一种优势互补的状态，合作就会更加牢固。中

[①] 李祜梅、邬明权、牛铮、贾战海：《中国在海外建设的港口项目数据分析》，《全球变化数据学报》2019年第3期。

[②] 洪丽莎、曾江宁、毛洋洋：《中国对推进非洲海洋领域能力建设的进展情况分析及发展建议》，《海洋开发与管理》2017年第1期。

非蓝色经济合作互补性主要体现有二。

1. 资金的增值效应

蓝色自然资源的优势在非洲体现较为突出。非洲 90% 以上的进出口是通过海上进行的,[1] 一些最具战略性的国际贸易门户是在非洲,这凸显了该地区的地缘政治经济的重要性。非洲管辖范围内的海洋区域总计约 1300 万平方公里,包括领海和大陆架上约 650 万平方公里。毛里求斯占地 1850 平方公里,然而它的领海使它变成了一个 190 万平方公里的国家(相当于南非的大小)。非洲的"蓝色经济资源"由广阔的湖泊、河流以及丰富的海洋资源组成。54 个非洲国家中有 38 个是沿海国家,其中 70% 的沿海国家在海洋中拥有未开发的专属经济区。[2] 非洲的沿海陆地和海洋生物多样性是该地区独特的财富,在全球 36 个生物多样性点中非洲有 8 个,并有 439 个海洋关键生物多样性区域,以及 148 个海洋和沿海拉姆萨尔遗址。[3] 非洲丰富的生物多样性提供了关键的生态系统服务,是非洲大陆蓝色经济的核心。

目前,非洲蓝色经济可划分为五大类:收获水生生物资源(海产品、植物海洋生物和海洋生物技术产品);非生物资源的开采及新能源发电;在海洋、河流及其周围进行商业和贸易;海岸保护、海洋生态系统保护和水资源保护;知识和信息资源。

每一大类资源的开发和利用,都需要大量的资金保障。但是,非洲国家普遍存在失业率高、通货膨胀率高、财政赤字高的"三高"现象,非洲发展蓝色经济缺乏资金支持。

---

[1] *Africa's Blue Economy: A Policy Handbook*, (Addis Ababa, Ethiopia: United Nations Economic Commission for Africa, 2016), p. X.

[2] "Africa can Become a Vibrant 'Blue Economy'", International Water Association, 2021 - 07 - 15, https://iwa-network.org/africa-can-become-a-vibrant-blue-economy/#: ~ :text = Africa% 20can% 20 easily% 20be,访问时间: 2023 年 3 月 13 日。

[3] *Africa's Blue Economy: A Policy Handbook*, (Addis Ababa, Ethiopia: United Nations Economic Commission for Africa, 2016), p. 10.

中国改革开放后，经济高速发展，综合国力显著提升。中国积极参与对外合作，向国际社会提供稳定、充足的物质性公共产品。《新时代的中国国际发展合作》白皮书数据显示，2013～2018年，中国对外援助金额共计 2702 亿元。更重要的是，面向非洲地区的对外援助总额占比最高，达 44.65%。中非一直保持着深厚的友谊和良好的合作关系，中国对非洲的帮助从来不附加任何政治条件。正因此，随着中国自身实力的提升，中国对非洲的资金援助也在逐步增加。

综上，非洲丰富且多样化的蓝色经济资源未得到充分开发和利用，使其未能从中获取应有的丰厚经济利润。相比西方国家，中国能够为非洲提供持续的、可靠的、不附带任何政治附加条件的资金援助，帮助其进行蓝色经济资源的勘研、考察、开发、生产、贸易等经济活动，使非洲蓝色经济资源增值。

2. 技术的赋能效应

蓝色经济的发展离不开技术及其升级，中国在此方面展现出强劲态势。海洋科技人员队伍不断壮大，2019 年比 2018 年增长 1.7%。海洋科技成果不断涌现，专利授权数量超过 4100 件。[1] 根据联合国教科文组织政府间海洋学委员会发布的 2020 年《全球海洋科学报告》，中国是海洋科学论文产出增长最快的国家之一。[2] 2018 年和 2019 年的《全球海洋科技创新指数报告》表明中国海洋科技创新能力显著提升，已位居前五。《2020 年全球创新指数》研究发现，中国是全球海洋创新排名进步最大的经济体之一，跻身前 14 位。中国海洋技术及其创新，体现在从海洋环境到海洋资源的多个领域。在海洋监测技术方面，中国的智慧海洋技术将使区块链、人工智能综合运用在海洋领域，通过大数据基础、云计算平台和物联网来推动智慧海洋技术发展。如北京航天泰坦科技股份有限公司拥有超算平台、时空信息云平台、物联网数据采集终端等技术，为

---

[1]　国家海洋信息中心：《2020 中国海洋经济发展指数》，2020 年 10 月，第 5 页。
[2]　联合国教育、科学及文化组织：《全球海洋科学报告》，2020 年，第 11 页。

海洋安全和经济发展、海洋生态保护和减灾防灾提供重要的技术支撑。在海洋可再生能源发电装置技术方面，根据自然资源部国家海洋技术中心发布的《中国海洋能 2019 年度进展报告》，中国已成为世界上为数不多能掌握规模化潮流能开发利用技术的国家。潮汐能机组、波浪能装置等装备长效发展，基本接近国际先进水平。中国首个兆瓦级潮流能发电站在浙江舟山岱山县运营，项目创造出国际国内专利 64 项，其中发明专利 25 项。[①] 在《全国海洋经济发展"十三五"规划》的政策推进下，中国海洋新能源技术将继续升级发展。在海洋渔业方面，中国高校专门设立海洋渔业科学与技术专业，培养能够胜任远洋渔业开发、资源评估与管理等领域工作的复合型应用人才。如上海海洋大学、中国海洋大学、华中农业大学、大连海洋大学、宁波大学、广东海洋大学等多所高校，通过开设渔业资源、捕捞、增养殖等课程，培养既掌握海洋渔业的基础理论和专业知识，又具备较强海洋渔业技术研发与实践能力的现代渔业人才。

与中国蓝色经济相关技术及其潜力对比，非洲显然还有较大差距。全球创新指数（GII）方面，中国排名第 11，前 30 位中无非洲国家，前 100 位中非洲国家仅有 9 个（毛里求斯第 45 位，南非第 61 位，摩洛哥第 61 位，突尼斯第 73 位，肯尼亚第 88 位，埃及第 89 位，加纳第 95 位，纳米比亚第 96 位，塞内加尔第 99 位）。[②] 不仅整体创新力不足，而且非洲各国创新力差异较大。例如，较之毛里求斯，马达加斯加落后 84 位（全球排名第 129 位），安哥拉落后 82 位（全球排名第 127 位）。[③] 在海洋人才队伍方面，2000~2005 年和 2012~2017 年两个时期，撒哈拉以南

---

① "浙江舟山：从全国首个兆瓦级潮流能发电站看科技创新如何引领潮流"，舟山市科学技术局，2022 - 09 - 29，http://zskjj. zhoushan. gov. cn/art/2022/9/29/art_1312723_58837331. html，访问时间：2023 年 3 月 14 日。

② Soumitra Dutta et al. , ed. , "Global Innovation Index Database 2022: What is the Future of Innovationdriven Growth?", World Intellectual Property Organization, 2022, p. 19.

③ 同上。

非洲地区海洋科技论文产出占全球比重仅为 1% 和 2%。① 人才方面，非洲经济发展现状不足以支持其进行高科技人才培养体系建设，更难以引进海洋领域相关人才。获取海洋技术是一个资本密集型项目，许多非洲国家负担不起。发展蓝色经济要求非洲拥有相关技术产品，但投资技术产品的风险和不确定性对非洲来说是巨大挑战，许多非洲国家的经济形势使其对海洋技术投资的回报可能性和回报率产生了巨大怀疑。同时，非洲海岸线上各种非法活动也构成人身安全威胁，有毒废物倾倒和石油排放、非法原油交易、武器和毒品贩运、人口贩运和走私、海盗和海上武装抢劫等活动较猖獗，阻碍了非洲投资和发展海洋技术。因此，虽然非洲的海岸线蕴藏着丰富的矿产资源，但拥有海岸线的国家却很难充分利用这一优势创造经济价值。

综上，中国发展蓝色经济的技术优势和光明前景，能够匹配非洲对海洋技术的迫切需求。2022 年 7 月，第四届中非海洋科技论坛基于"联合国海洋科学促进可持续发展十年"的背景，明确双方海洋合作的重点领域和实现路径。该论坛在海洋空间规划、生态环境保护和防灾减灾、海洋数据信息共享、中非海洋科学及蓝色经济合作中心建设等多项议题上深入探讨，② 提出用"中国制造"为非洲蓝色经济发展赋能。

案例（几内亚比绍）： 几内亚比绍政府板丁渔业码头项目在 2016 年 4 月完成了可行性考察，2017 年 7 月中国与几内亚比绍签订项目实施协议，2018 年中国政府援建板丁渔业码头项目开工。几内亚比绍的海岸线长约 274 公里，大陆架面积为 245 平方公里，拥有 80 个岛屿和宽广的海域。这种地理布局和潮湿的热带气候有利于鱼

---

① 康奈尔大学、欧洲工商管理学院和世界知识产权组织：《全球创新指数数据库》，2020 年，第 11 页。

② 《第四届中非海洋科技论坛在杭州开幕》，自然资源部东海局，2022 - 08 - 01，https：//ecs. mnr. gov. cn/dt/zrzyyw/202208/t20220801_26621. shtml，访问时间：2023 年 3 月 15 日。

类的生长繁殖，渔业资源是其主要资源，以底层物种（鱼、虾、头足类）和小型沿海中上层鱼类（如金色沙丁鱼）为主。渔业是几内亚比绍经济的支柱产业之一。发展渔业产品有助于创造附加值和就业机会，但由于缺乏港口基础设施以及储存和加工产品设施，这一目标难以实现。板丁渔业码头项目对促进几内亚比绍渔业生产、增加当地就业等具有重要意义。项目由中铁广州工程局集团公司负责实施，项目总造价超过 2650 万美元。① 2023 年 3 月，中国水产有限公司下属的中渔环球海洋食品有限责任公司在该码头建立了水产品加工存储综合设施，包括加工厂、冷库、制冰间、手工渔业物资商店等，共占地约 7600 平方米，总投资 800 万美元。该设施投入运营后，能够极大地带动当地手工渔业发展，增加市场鱼货供应，推动水产品的出口创汇，从而提高人民福祉。②

二 "海上丝绸之路"与《非洲蓝色经济战略》对接

新形势下，中国有必要推动构建新型区域合作机制，尤为重要的是构建中国经济外交平台。2013 年 9 月，习近平主席在出访中亚四国时提出，"我们可以用创新的合作模式，共同建设'丝绸之路经济带'"。2013 年 10 月，习近平主席在印度尼西亚国会发表重要演讲时，提出共建 21 世纪海上丝绸之路的倡议。2015 年，《推动共建丝绸之路经济带和 21 世纪海上丝绸之路的愿景与行动》发布，意味着中国努力在改善世界经济形势和塑造世界经济发展新秩序方面发挥更大作用。

2015 年 3 月，在马达加斯加的塔那那利佛举行了政府间专家委员会

---

① 《驻几内亚比绍大使金红军在援几比板丁渔业码头奠基仪式上的致辞》，中华人民共和国驻几内亚比绍共和国大使馆，2018 - 11 - 04，http：//gw. china-embassy. gov. cn/dsjh/201811/t20181104_5905111. htm，访问时间：2023 年 4 月 3 日。

② 《公司援几内亚比绍水产品加工存储综合设施落成典礼圆满举行》，中国水产有限公司，2023 - 03 - 27，https：//cnfc. cnadc. com. cn/gszx/27462. jhtml，访问时间：2023 年 4 月 3 日。

（Intergovernmental Committee of Experts，ICE）第 19 届会议，主题为"利用蓝色经济促进东非的发展"。会议敦促非洲各国根据自身国情，将蓝色经济纳入国家和区域发展计划之中。2018 年 1 月在肯尼亚内罗毕举行了可持续蓝色经济全球会议，出席会议的非洲领导人要求非盟与相关利益攸关方合作，制定非洲蓝色经济战略蓝图，指导海洋、湖泊和河流资源的可持续发展和利用，促进蓝色经济增长。2019 年 10 月，非盟发布了《非洲蓝色经济战略》，为非洲沿海国家和海上贸易部门提出了一个长期性发展战略框架。在非盟《2063 年议程》的框架内，《非洲蓝色经济战略》围绕包容性和可持续的蓝色经济，为非洲的转型和增长正在做出重大贡献。

中国"海上丝绸之路"倡议与《非洲蓝色经济战略》同是为国家和地区经济发展服务的手段，也是对外交流和合作的工具，两者具有协调统一性。

（一）中国"海上丝绸之路"倡议与《非洲蓝色经济战略》实现了平台对接

本质上，"海上丝绸之路"和《非洲蓝色经济战略》是中非双方以海洋为重要议题，构建的海洋经济合作交流平台。中国"海上丝绸之路"强调共建原则，要求在开放合作、和谐包容、市场运作、互利共赢的原则下，共同搭建区域合作机制。"海上丝绸之路"通过以点带面、以线带面的形式，将亚欧非区域国家联系起来。若只是将"海上丝绸之路"视为一条经贸通道，则大大弱化了其功能性作用。"海上丝绸之路"的提出，正值当今世界发生复杂且深刻的变革，世界经济发展速度放缓，"全球化"与"逆全球化"交织博弈，国际经贸格局和多边合作机制在酝酿调整，各国面临严峻的发展挑战。国际社会特别需要创新性的国际合作机制推动国际合作，摒弃地缘博弈，共同应对全人类需要解决的重大问题。因此，作为"一带一路"倡议的组成部分，"海上丝绸之路"顺应了世界多极化、经济全球化、文化多样化、社会信息化的潮流，实际上是构建了一个多元、包容、开放和务实的合作平台。① 同样,《非洲蓝色经济战略》并非一项只限于非盟及其成员国的经济发展战略,而是一个非洲利用其海洋资源优势参与、融入国际蓝色经济发展潮流的国际合作平台。《非洲蓝色经济战略》以《2050 年非洲综合海事战略》为依据,在政策制定中囊括了非洲乃至国际组织和机构的智慧,如中非海事组织(MOWCA)、非洲港口管理协会(APMA)、国际海事组织、联合国贸易和发展会议、国际劳工组织(ILO)、世界贸易组织(WTO)、世界海关组织(WCO)、国际商会(ICC)、全球船舶论坛(GSF)等。在应对蓝色经济挑战中,《非洲蓝色经济战略》提及必须将生态系统服务纳入《国家适应行动计划》(NAPA),敦促各成员国与区域和国际伙伴及专门机构合作,发挥协同和互补作用。②

（二）中国"海上丝绸之路"倡议与《非洲蓝色经济战略》实现了发展理念对接

"海上丝绸之路"和《非洲蓝色经济战略》顺应新形势下的机遇与挑战,以海洋经济、海洋环境、海洋科技等重点领域合作为新发展理念。发展理念决定了发展的目标设定、模式选择、行动方案,也直接影响中非双方是否能够发生合作及合作的潜力。自党的十八大以来,习近平总书记从理论高度提出绿色发展理念,从实践要求提出走绿色、低碳、循环、可持续发展之路。党的十九大报告中,习近平总书记将坚持新发展理念作为新时代坚持和发展中国特色社会主义的基本方略之一,提出要以创新、协调、绿色、开放、共享的内在统一来把握发展、衡量发展、推动发展。③

---

① 《推动共建丝绸之路经济带和 21 世纪海上丝绸之路的愿景与行动》,《人民日报》,2015 年 3 月第 004 版。

② Pierre Failler et al. , *Africa Blue Economy Strategy*, (Nairobi, Kenya: African Union-Inter-African Bureau for Animal Resources, October 2019), p. 14.

③ 《十九大报告:贯彻新发展理念 建设现代化经济体系》,中华人民共和国商务部,2017 - 10 - 24, http://trb. mofcom. gov. cn/article/zuixindt/201710/20171002657807. shtml,访问时间: 2023 年 3 月 15 日。

21 世纪"海上丝绸之路"的建设，映射了新发展理念，并遵循新发展理念的要求，把目光投向国际，推动形成全面、开放的新格局。非盟基于前期的发展路径探索和反思提出一个发展愿景，即"由本国公民推动的繁荣、和平的一体化非洲，在国际舞台上充满活力"。《非洲蓝色经济战略》明确提出对建设包容性、一体化和可持续非洲的愿景，且以非盟《2063 年议程》为基调，这意味着《非洲蓝色经济战略》可视为非洲发展理念在海洋领域的延伸。"海上丝绸之路"与《非洲蓝色经济战略》反映了中非各自对发展的理解，并具有相通性。双方以海洋为载体，达成发展合作共识，构建蓝色经济领域的互利共赢关系。

第三章

新形势下中非经济合作面临的挑战

第一节　中非产业对接与产能合作的挑战

深化中非产业链务实合作，符合中非双方的现实发展需求，也有利于当前世界经济复苏。

一方面，非洲自身工业化水平较低，普遍面临国际贸易和非洲内部贸易表现不佳、电力缺口大的问题。此外，非洲还面临解决工业化发展和环境保护脱钩问题的压力。这种双重压力之下，非洲如何推进包容的、可持续的工业化进程还是一个需要认真思考和解决的问题。另一方面，来自非洲外部的声音正在破坏中非产业对接和产能合作。西方恶意炒作中非债务问题，指责中国在主观意愿上"故意为之"和客观上借债务问题剥削非洲战略性资源，破坏中非产能合作。

一　非洲工业化水平普遍落后

发展经济学家长期以来一直认为，工业在经济发展中起着关键作用，因为工业活动的特点是高知识含量、技术进步，以及工业发展往往能加速其他经济部门的增长，从而提高社会的整体福利。工业化在非洲的经济发展中发挥着至关重要的作用，非盟《2063年议程》重申了通过自然资源受益和增值来实现非洲经济转型、增长和工业化的重要性。国际社会也普遍关注非洲的工业化，如联合国大会上反复明确非洲工业化发展，提出三次非洲工业发展十年，最近的一次是 2016 年 7 月 25 日联合国大会宣布非洲工业发展十年（2016～2025 年）。尽管如此，非洲的工业化仍然面临重大挑战。2019 年，非洲全部国家的国内生产总值（GDP）总和只占世界的 3%，世界制造业增加值（MVA）中仅有 2% 来自非洲，世界人均制造业增加值几乎是非洲的 9 倍（见图 3－1）。①

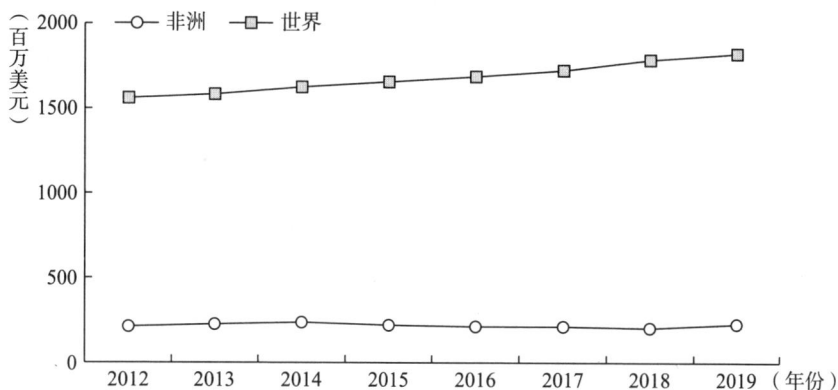

图 3－1　2012～2019 年非洲和世界的人均制造业增加值

资料来源：*African Industrial Competitiveness Report：An Overview of the Manufacturing Industry in the Region*，United Nations Industrial Development Organization，2020，p. 8.

非洲工业化面临挑战的原因主要有三点。

一是非洲的国际贸易表现不佳。加速工业化进程和使制造业成为经济增长和社会发展引擎的一个关键因素是提高国际贸易额，其重点是扩大成品的出口。这样一来，制造业就可以拉动经济增长并扩散到其他经济活动中，这是非洲减贫和实现繁荣的主要驱动力。现实是，2012～2019 年非洲的商品贸易出口额从 6350 亿美元下降到 4650 亿美元，总体上是进口高于出口。换句话说，非洲购买的商品（进口）总额超过了它销售的商品（出口）总额，这意味着非洲国际贸易存在逆差。2012 年，

---

① *African Industrial Competitiveness Report：An Overview of the Manufacturing Industry in the Region*，United Nations Industrial Development Organization，2020，pp. 7 - 8.

非洲的贸易顺差为 510 亿美元，但次年就转为贸易逆差，在 2015 年逆差达 1360 亿美元。2019 年，非洲贸易逆差为 810 亿美元。[①] 贸易逆差长期存在说明非洲的出口缺乏活力，长期的贸易赤字对经济发展是极为不利的，可能阻碍经济增长，从而导致失业率增加。我们还可以反向来观察，有数据表明在 1984 ~ 2016 年，全球对非洲国家的出口份额仅为 2.7%，而对北美的出口份额占 19%，对欧洲占 39%，对亚洲占 29%。[②] 如此大的差距使我们不得不担忧，非洲可能因此不能获得规模化、专业化、技术和知识扩散带来的经济增长。虽然缺乏更具体的数据来证明这种因果关系，但其可以作为非洲工业化进程缓慢的因素来考虑。

二是非洲内部贸易份额偏低。加强非洲内部贸易对非洲大陆的经济发展十分重要，内部贸易增加说明非洲各国生产的产品互补性增强，也能促进非洲整体工业化水平的提高。然而，非洲内部贸易份额仍然很低。产品和服务本可以从其他非洲国家采购，实际情况却是要从非洲大陆以外的国家和地区采购。1984 ~ 2016 年，非洲的内部贸易份额仅为 12%，而北美为 47%，亚洲为 53%，欧洲为 69%。[③] 即使考虑到非洲未统计在内的非常规跨境贸易，非洲内部贸易份额也不太可能超过 20%，仍然低于世界其他主要地区。[④] 其原因可能是：①在非洲大陆自由贸易区成立前，非洲国家之间一直缺乏贸易协定；②部分非洲国家关注的是外部市场，以能源资源出口为主，如尼日利亚国民经济增长的主要来源是石油出口，因此更重视与发达国家的贸易；③通信和交通基础设施不完善阻碍了国家之间的商品和货物流通。非洲内部贸易份额偏低的情况，意味着非洲

① *African Industrial Competitiveness Report: An Overview of the Manufacturing Industry in the Region*, United Nations Industrial Development Organization, 2020, p. 10.

② William W. Olney, "Intra-African Trade", University of Hawaiï at Mānoa Department of Economics Working Paper Series, October 21, 2020, p. 9.

③ William W. Olney, "Intra-African Trade", University of Hawaiï at Mānoa Department of Economics Working Paper Series, October 21, 2020, p. 2.

④ "BIAT-Boosting Intra-African Trade", African Union, https://au.int/en/ti/biat/about, 访问时间：2023 年 3 月 12 日。

国家无法充分利用其经济的协同效应和互补性来获得规模经济、更大的一体化市场等好处。虽然目前非洲大陆自由贸易区已经建立，但要发挥其功能和呈现成效还需要较长时间，尤其是受到新冠疫情对经济的冲击后。

三是非洲电力短缺。非洲大陆并不缺乏能源资源，而是资金、技术短缺及经济结构问题等因素使非洲未能利用丰富的能源自然资源优势，进而造成了"能源贫困"，表现为整个非洲大陆普遍电力接入率低下，并在非洲国家之间、城市和农村地区之间存在显著差异。电力是非洲大陆社会经济和工业发展的重要驱动力，虽然非盟和非洲国家制定了电气化战略和计划，但电气化的普及率仍旧较低。如在莫桑比克，2021 年仅有 40% 的居民可以获得电力服务。[①] 这将极大减少外部私营部门对非洲的投资。与之对应，联合国工业发展组织（UNIDO）公布的莫桑比克2020 年工业竞争力指数（CIP）仅为 0.003（全球均值为 0.062），世界排名是第 139 位（共 154 个国家），见表 3-1。类似的，在布隆迪、喀麦隆、贝宁、布基纳法索和佛得角等非洲国家都存在这样的情况。

表 3-1 2020 年部分非洲国家工业竞争力指数（CIP）

单位：位

国别	工业竞争力指数	世界排名
南非	0.049	52
摩洛哥	0.038	63
汤加	0.033	70
斯威士兰	0.021	83
科特迪瓦	0.016	93
博茨瓦纳	0.015	94
尼日利亚	0.014	95
阿尔及利亚	0.013	96

---

① *Country Priority Plan and Diagnostic of the Electricity Sector: Mozambique*, African Development Bank (AfDB) Group , 2021, p. 9.

续表

国别	工业竞争力指数	世界排名
塞内加尔	0.012	102
纳米比亚	0.012	104
肯尼亚	0.010	108
加蓬	0.010	110
津巴布韦	0.009	114
加纳	0.009	116
喀麦隆	0.007	121
乌干达	0.007	122
刚果	0.007	123
安哥拉	0.006	126
赞比亚	0.006	126
坦桑尼亚	0.006	127
利比亚	0.005	131
马达加斯加	0.003	137
尼日尔	0.003	138
莫桑比克	0.003	139
佛得角	0.003	140
埃塞俄比亚	0.003	141
卢旺达	0.003	142
马拉维	0.002	143
中非	0.002	144
厄立特里亚	0.000	150
冈比亚	0.000	151

数据来源:"Competitive Industrial Performance Index(CIP)",UNIDO,2020,https://stat. uni-do. org/cip/?_ga=2. 146942903. 1009588364. 1680575414 - 1740801639. 1680575414,访问时间:2023年4月1日。

当前,非洲不仅面临要扫清工业化发展障碍的压力,而且要承受包容性的、可持续的工业化发展的压力。联合国数据显示,整个非洲能源和工业二氧化碳排放量仅占世界的 2% ~ 3% ,这一比例远低于美国

（27%）和印度（15%）。然而，非洲却成为世界上最容易受到气候变化影响的地区。非洲大陆大部分地区的平均气温已经上升了约 0.7℃，预测将进一步上升，这种情况使它正面临更频繁的干旱和洪水的威胁。联合国预测，气候变化将导致粮食产量下降，沿海地区和三角洲将被洪水淹没，并引发疟疾等传染病蔓延的风险、自然生态系统的变化和生物多样性的丧失。[①] 若非洲工业化过程中对二氧化碳排放量没有限制，就可能产生包括融资减少和排放相关国际处罚在内的不利因素，从而影响非洲国家经济长期增长和人民福祉。目前，非洲制造业每年排放约 44000 万吨二氧化碳当量，占非洲总排放量的 30%～40%。如果非洲的制造业遵循发达市场过去 20～30 年的增长轨迹，到 2050 年其排放量可能增加近一倍，达到约 83000 万吨二氧化碳当量。[②] 这不仅会使世界无法完成总体减排目标，而且可能使非洲大陆处于经济劣势。这就是说，非洲推进工业化进程的同时，必须协调和解决工业化和环境问题的矛盾，不应走欧美的工业化道路，要采用更清洁和资源节约型途径进行制造业生产，努力使经济增长与环境退化脱钩。对非洲来说，向绿色制造业的过渡将是一个挑战。新形势下，非洲在吸引投资方面已经面临困难。非洲开发银行（AfDB）估计，非洲基础设施领域每年有 70 亿美元的融资缺口。绿色制造业的资本需求和一些高排放工业的资产升级需求，使这一缺口还将扩大，这在赢利能力和资本可用性方面提出了难题。此外，非洲大陆还需要解决与绿色制造业发展相匹配的技术和人才缺口问题。

案例（埃塞俄比亚）：据埃塞俄比亚投资委员会专员、埃塞俄

---

① Jason Mitchell, "How can Africa Industrialise and Reach Bet Zero", Investment Monitor, 2021 - 10 - 29, https://www.investmentmonitor.ai/sectors/energy/the-dilemma-how-can-africa-industrialise-and-reach-net-zero/#: ~ : text = Africa's% 20greatest% 20challenge% 20is% 20how% 20to% 20industrialise% 20but，energy% 20and% 20industrial% 20sources% 2C% 20according% 20to% 20the% 20UN.，访问时间：2023 年 4 月 5 日。

② Kartik Jayaram, Adam Kendall, Ken Somers, Lyes Bouchene, "Africa's Green Manufacturing Crossroads", McKinsey&Company, September 2021, p. 8.

比亚工业园区开发公司前首席执行官 Lelise Neme 称，政府已投资约
1 亿美元建设了十几个工业园区。这些园区吸引了来自中国、印度、
韩国、斯里兰卡和美国的主要公司，创造了 50000 多个长期就业机
会，其中 85% 以上的就业岗位由妇女获得。[①] 最早建成的公共工业
园区之一位于埃塞俄比亚南部城市哈瓦萨，哈瓦萨工业园于 2016 年
7 月开业，是埃塞俄比亚政府的旗舰工业园，被称为非洲第一个零
排放纺织工业园，拥有最先进的基础设施和设备。印度污水处理公
司 Arvind Envisol 正在为该园区提供工业废水管理解决方案，85% 的
工业废水将被回收利用。

二 西方炒作中非债务问题

近几年来，世界各国普遍债台高筑。疫情暴发等因素使经济特别不
景气，导致很多国家还债时，连利息都付不出来，进入了一种债务违约
的状态。新冠疫情的暴发，直接严重冲击世界经济。为应对疫情对世界
经济带来的影响，世界各国大幅增加了财政支出，导致公共债务规模迅
速攀升。在全球经济下行压力增大的背景下，世界各国财政收入将减少，
开支将持续增加。

瑞·达里欧（Ray Dalio）在他的著作《债务危机》（*A Template for
Understanding Big Debt Crises*）中指出，债务危机在目前商业发展的模式
下很难避免，而且泡沫破灭最有可能发生在长期债务周期的顶部。在该
著作中，达里欧基于一些研究案例发现，债务规模与国内生产总值之比
达到 300% 时极易发生债务危机。达里欧估算在 2019 年年底的时候，全
世界的债务总额已超过了全球 GDP 总值的 300%。2020 年 1 月的数据显
示，世界债务总规模已经膨胀到全球 GDP 的 322%，远远超过了 300%

① 王进杰：《中非合作工业园区助力非洲工业化》，《世界知识》2022 年第 9 期。

的警戒线，接近 260 万亿美元。

表 3 - 2 显示 2008～2019 年中国对世界不同地区发放外债的基本情况。从表 3 - 2 可以得出的结论是，亚洲、美洲、非洲及欧洲国家，都或多或少对中国持有一定的债务。部分国家已面临无法按期还债或彻底无法还债的情况，这将直接影响这些国家的国家信誉。

表 3 - 2　2008～2019 年中国对世界部分地区发放债务水平

单位：亿美元

地区	总债务金额	债务较高的国家
亚洲	164.3	巴基斯坦、伊朗、印尼、土库曼斯坦、孟加拉国和菲律宾
美洲	130.7	委内瑞拉、巴西、厄瓜多尔和阿根廷
非洲	104.5	安哥拉、肯尼亚和埃塞俄比亚
欧洲	57.2	俄罗斯

资料来源：作者根据 Boston University Global Development Policy Center 报告自制，"China's Overseas Development Finance Database"，https://www.bu.edu/gdp/chinas-overseas-development-finance/?utm_medium=email&_hsmi=102219712&_hsenc=p2ANqtz--3fLs7nD7oHdDWBrypmwYS6eKJtnKEs6JOORj--Q78AV2GcKD-FU35v9NlEDXKBYJ6XkOC9ub4J5DLz_8jSJkKea1trA&utm_content=102219504&utm_source=hs_email，访问时间：2022 年 5 月 12 日。

2019 年未发生新冠疫情时，没有人预判会发生全球债务危机。随着新冠疫情在全球蔓延，非洲大陆的形势日趋严峻。疫情冲击下，虽然部分发达国家的负债金额高涨，但它们谈不上面临债务危机，反而一些发展中国家面临的风险更高，特别是非洲国家、东南亚部分国家和拉美国家。

疫情发生前，非洲国家和拉美国家的债务风险已在上升，引起了国际社会广泛关注。疫情暴发后，这些国家的偿债能力更加难以维系。过往部分发展中国家遭遇的主权债务危机对世界经济带来的负面影响延宕到今天。[1] 所以说，发展中国家债务违约的风险一直不断大幅度上升。本来大部分发展中国家，特别是非洲国家及部分亚洲国家，已面临无法

---

[1]　张春宇：《非洲债务问题与应对选择研究》，中国社会科学出版社，2020 年，第 5～10 页。

按时还债的风险，而突如其来的新冠疫情导致它们的经济出现停滞甚至倒退。因此，部分非洲国家已进入债务违约的状态。非洲国家的债务金额比发达国家少很多，但是非洲国家面临还不上债务的风险比发达国家还要高。

中国和非洲国家的债务关系整体来讲较良性，至少不像西方媒体抹黑的那样，如部分西方媒体提出"中国试图搞新殖民主义、故意让非洲国家陷入一种无法偿还的债务危机"。所谓"债务陷阱论"在中非间任何合作论坛上都没有成为话题。事实上，部分西方国家媒体炒作非洲债务问题是在为它们不能或者不愿意对非投资寻找借口，也是在为中非合作制造障碍。中国向非洲国家提供的贷款主要用于修铁路、电站、公路等基础设施，这称为先期投入，这些硬件基础设施项目会持续不断地产生社会效益，为非洲国家工业化和现代化打下良好的基础。对非洲国家领导而言，借贷是为了弥补资金不足，而不借贷则将丧失发展良机。一些西方国家媒体依然把"非洲债务危机"的帽子扣在中国头上，这显然不符合事实。

其一，非洲债务危机被人为夸大。仅凭非洲债务增加就断定非洲陷入债务危机是片面的，非洲国家债务累计率程度不同，有的国家外债偏高（如赞比亚），有的国家较低（如布隆迪），不能笼统认为非洲面临债务危机。在这里，有必要澄清两个事实：一是新冠疫情对全球经济的冲击，使得低收入和中等收入国家债务存量合计增加，从 2019 年的 82430 亿美元上升到 2021 年的 92960 亿美元，[①] 两年涨幅超过 10%；二是撒哈拉以南非洲的债务积累率从 2020 年的 5.6% 放缓至 2021 年的 2%。[②]

---

① *International Debt Report* 2022：*Updated International Debt Statistics*，World Bank Group，p. 29.

② Kifaye Didem Bayar et al.，"Slowing Debt Accumulation，Growing Risks：Unveiling the Complexities of Sub-Saharan Africa's Debt Burdens"，World Bank Blogs，2023 - 03 - 27，https：//blogs. worldbank. org/opendata/slowing-debt-accumulation-growing-risks-unveiling-complexities-sub-saharan-africas-debt，访问时间：2023 年 4 月 4 日。

其二，中国不是非洲主要债权方。截至 2019 年，37 个非洲国家欠中国的债务为 613 亿美元，占这些国家外债总额的 21%；世界银行仍是其最大债权人，为 686 亿美元，占比达 23%。① 事实上，中国提供的多为商业贷款，并致力于帮助非洲国家实现可持续发展。

其三，解决债务问题的关键在于确保项目具有良好的经济社会效益。中国向来重视投资项目的效益和可持续发展，在中非贸易繁荣期间，非洲的产出附加值提高了，中非硕果累累的合作成果是不可否认的事实。

其四，所谓"中国债务陷阱论"在非洲没有市场，遭到多次批驳。例如，纳米比亚总统根哥布曾经说过，中国贷款只占纳米比亚全部债务的 2.6%，且大多是无息贷款，② 合作好不好非洲人民最有发言权。应该清楚地看到，在西方推行国际舆论霸权情况下，债务问题好比是西方的灯下黑，与其说是"债务陷阱"不如说是"博弈陷阱""舆论陷阱"。

非洲国家要解决债务问题不能仅依赖债务减免或者援助支持，而需要从根本上提升非洲经济发展的内生能力。另外，非洲国家应该确保自身的债务透明，并针对本国的偿债能力，对债务进行认真评估。当然，要保证中非全面关系持续良好，中非双方要共同努力以防止出现债务危机，确保债务的可持续。在新冠疫情的冲击下，对发展中国家，特别是非洲国家和其他低收入国家，实施债务减免正在成为国际社会的一项重要共识。其中，呼吁对非洲债务较多的国家减免债务的声音不断上升。英国千禧年债务运动（Jubilee Debt Campaign）组织及 140 多个组织联合发起了一项呼吁，应该帮助非洲国家在疫情期间渡过难关，希望包括中

---

① 黄昱帆：《中非债务若干问题浅析》，欧亚系统科学研究会，2020 - 12 - 28，https：//www. essra. org. cn/view-1000 - 1697. aspx，访问时间：2023 年 4 月 4 日。

② 《2019 年 5 月 22 日外交部发言人陆慷主持例行记者会》，2019 - 05 - 22，中华人民共和国驻新西兰（库克群岛、纽埃）大使馆，http：//nz. china-embassy. gov. cn/wjbfyrth/201905/t20190522_845937. htm，访问时间：2022 年 10 月 13 日。

国在内的 G20 国家，可以减免非洲国家的债务。[1] 非洲的加纳共和国的财政部部长肯·奥福雷－阿塔表示，希望中国可以考虑英国的提议，请求中国加大力度减轻非洲国家的债务负担，也就是说希望中国考虑在 2020 年减免这 80 亿美元的债务。中方对此高度重视，愿意通过双边渠道同有关国家保持沟通，也期待 G20 成员能共同落实好 G20 领导人特别峰会有关成果[2]，相继帮助低收入国家妥善应对债务风险问题。事实上，千禧年债务运动 2018 年的调查数据显示，48 个非洲国家的债务中，中国只占 20%，相比之下，多边机构（如世界银行）占 35%，私人债权人占 32%，其余 13% 的债权方为巴黎俱乐部（如美国、英国、法国）。[3]

一方面，中国对偿债问题一向采取灵活的方式，在非洲国家偿还到期债务遇到困难时，中国通常会采取双边协商并延长还款期限的措施。中国在 2000 年中非合作论坛第一届部长级会议、2005 年联合国发展筹资高级别会议、2006 年中非合作论坛北京峰会、2009 年中非合作论坛第四届部长级会议先后四次宣布免除非洲国家对华到期无息贷款债务，共涉及 35 个非洲国家 189.6 亿元债务。[4]

另一方面，中国向非洲国家提供的贷款主要流向非洲当地有增长趋势的领域，并非有意制造非洲债务压力。约翰霍普金斯大学中国－非洲研究中心（China-Africa Research Initiative, CARI）的数据显示，从 2000 年到 2018 年，中国向非洲国家发放了高达 1480 亿美元的贷款，主要用

---

[1] Kevin Acker, Deborah Brautigam, Yufan Huang, "Debt Relief with Chinese Characteristics", China Africa Research Initiative, June 2020, Working paper No. 39, https://static1. squarespace. com/static/5652847de4b033f56d2bdc29/t/5efe942ba09c523cbf9440a9/1593742380749/W，访问时间：2020 年 12 月 21 日。

[2] 《二十国集团领导人特别峰会取得的积极成果》，新华社，2020－03－27，http://www. comn-ews. cn/article/ttxw/202003/20200300042207. shtml，访问时间：2020 年 12 月 2 日。

[3] Hannah Ryder, Yike Fu, "Africa's 'too little debt' Crisis: Why Fnance from China to African Countriesis More Crucial than Ever in the Wake of COVID19", The Institute of International and Strategic Studies (IISS), Peking University 2021, p. 334.

[4] 《〈中国的对外援助〉白皮书（中文）》，国家国际发展合作署，2018－08－06，http://www. cidca. gov. cn/2018－08/06/c_129925064_4. htm，访问时间：2023 年 3 月 24 日。

于改善非洲国家的基础设施建设。[①] 但是，对于国际层面发生的众多不确定性因素，以及大部分非洲国家由于新冠疫情引起的经济负增长，进而影响非洲某些项目无法按计划推进或成本增加，这不是中国可以预判和改变的。2019 年中国对非洲国家的贷款下降了近30%，[②] 表明中国并非随意向非洲发放贷款，而是综合考虑非洲当地情况的变化和非洲需求，谨慎地、包容地向非洲提供贷款帮助。目前，至少有 18 个非洲国家正在与中国重新谈判还债期限及条件，另有 12 个国家仍在与中国谈判高达 280 亿美元的债务重组条款。[③] 面对非洲国家债务风险的上升，中国会在继续支持非洲各国基础设施建设和经济发展的基础上，优化现行债权结构，谨慎借贷，贷前开展严格的可行性分析，关注项目基于经济社会环境的可行性及借款国的贷款偿还能力，同时敦促债务国加强债务管理，防止债务违约的发生。[④]

第二节 中非能源资源合作的挑战

非洲要实现经济的可持续发展，必须进行能源转型。非洲丰富的可再生能源资源，是实现一个繁荣非洲的基本要素。国家能源资源的开发和利用需要稳定的国内政治环境，以保障能源政策的整体性和连续性。这就是说，能源安全是国家安全的重要保障，同理，国家安全也是能源安全的前提条件。当前，罢工、暴乱、暴力犯罪、武装冲突、恐怖袭击

---

① "China-Africa Data", China-Africa Research Initative, http://www.sais-cari.org/data，访问时间：2021 年 3 月 5 日。

② Song Wei, "Decline in China's lending to Africa doesn't Tell Full Picture of Cooperation", Global Times, March 31, 2021, https://www.globaltimes.cn/page/202103/1219995.shtml，访问时间：2021 年 4 月 16 日。

③ Kevin Acker and Deborah Brautigam, "Twenty Years of Data on China's Africa Lending", China-Africa Research Initiative, Briefing Paper No. 4, 2021, pp. 1 – 7.

④ 黄梅波、张晓倩、邓昆：《非洲国家的债务可持续性及其对策分析》，《国际经济评论》2020 年第 4 期。

在非洲各国时有发生，若按非洲次区域经济体划分，基本每个地区都存在安全问题，且短期内难以解决。非洲可再生能源资源开发和利用面临安全环境风险，并将影响中非能源资源合作。

新形势下，非洲的能源资源吸引着西方大国、新兴国家在此博弈，西方大国及其盟友将中非能源合作视为挑战和威胁，与中国展开激烈竞争。它们通过对非政策调整和能源相关领域的合作，加紧排挤中国与非洲能源合作。

一 非洲发展可再生能源缺乏安全环境

对能源的开发和利用是改善非洲民众生活状况的重要途径，也是经济和社会发展至关重要的先决条件。[①] 全球能源需求不断增长，能源供应的方式同时也在发生变革，能源系统正在从集中式逐步向分布式转变，从化石能源系统向可再生能源系统转型。非洲经济快速增长的同时，也带来了严峻的能源挑战，急需可持续性的、清洁高效的能源。正因此，非盟建议"非盟成员国、非洲区域组织和机构、非洲国家要将清洁能源走廊的概念纳入其可再生能源和气候变化议程，包括区域和非洲大陆倡议和方案的设计、实施和更新，以支持非洲大陆向更合适、更可靠、更负担得起的低碳电力市场过渡"。[②] 非洲可再生能源资源丰富，拥有丰富的太阳能、风能、地热、水能等，是全球可再生能源资源最为富足的大陆之一。中国是非洲开发可再生能源项目的最大双边合作伙伴，但非洲的安全问题可能对中非能源合作产生强大破坏力。

恐怖主义事件在全球范围内不断增加，非洲也不例外，撒哈拉以南非洲地区恐怖袭击造成的死亡人数在不断上升。此外，基于政治动机的

---

① Youba Sokona, "Ensuring Access to Affordable, Reliable, Sustainable and Modern Energy for Development in a Carbon Constraint World: The Prospect for Africa/ LDCs", Chongyang Institute for Financial Studies, Renmin University of China, 2019 – 05 – 21, http://www.rdcy.org/index/index/news_cont/id/58650.html, 访问时间：2020 年 12 月 14 日。

② "Africa", IRENA, https://www.irena.org/africa, 访问时间：2022 年 3 月 21 日。

暴力行为也是非洲安全问题的一部分，南部非洲、西非、北非和萨赫勒地区的犯罪暴力水平在不断上升，预计造成的死亡人数将超过武装冲突。恐怖主义和暴力极端主义可以说是非洲最大的安全威胁，尤其是在 2021 年。东非、西非和南部非洲还与国际恐怖组织有紧密联系，他们的活动煽动了地方冲突，助长了有组织犯罪的骗局，破坏了本已脆弱的政治局势。

西非地区，新旧形式武装冲突是焦点，包括暴力极端主义、有组织犯罪、海盗行为、社会不平等造成的动乱、土地使用冲突以及与选举有关的暴力。几内亚湾的毒品贩运构成该地区最严重的直接安全威胁。北部边境的安全挑战更加严峻，该地区很容易发生极端的气候变化，对该地区产生具有连锁性反应的持续威胁。南部非洲地区，区域冲突、移徙和仇外心理、民主和施政、区域体制结构、环境和水问题、艾滋病等传统和非传统安全问题未能消退，国家间和国家内部暴力问题严重，最明显的是刚果民主共和国。东非地区，以肯尼亚最为典型，恐怖袭击较为频繁。中非地区，东部的武装冲突继续有增无减，刚果（金）是世界上面临最复杂和最持久的人道主义危机的国家之一。北非地区面临来自伊斯兰马格里布基地组织（AQIM）的威胁。

非洲次区域都面临不同程度的安全威胁。安全问题与可再生能源的发展是密切联系的。

一是可再生能源关键基础设施极易成为袭击目标。由于能源是国家经济发展的命脉，也与每一位民众息息相关，因此对能源部门和交通基础设施的袭击是伊斯兰激进组织和恐怖组织战略的一个重要组成部分，他们经常出于政治和勒索原因针对能源相关的基础设施发动攻击。

二是能源可能诱发更严重的恐怖主义。2021 年 3 月，由"伊斯兰国"（IS）支持的恐怖分子袭击了莫桑比克北部的帕尔马镇（Palma），那里靠近一个主要的海上天然气基地，造成包括外国工人在内的数十人死亡。帕尔马地区所属德尔加杜角省，是莫桑比克最为贫穷的地区之一，但这里自然资源丰富，成为矛盾、冲突易发之地。

可再生能源将成为非洲地区主要的能源发展方向，其潜藏的经济利益和政治利益与传统能源石油和天然气一样，若非洲各经济共同体的安全治理未能奏效，可再生能源也将难以逃脱遭受恐怖袭击的命运。

二 西方对中非可再生能源合作的破坏

能源是现代社会生存和发展的基础，可再生能源时代正在催生一些国家由"穷国"跳"富国"，这使可再生能源于任何国家而言将具有重大战略意义。可再生能源的战略意义体现在三个方面：一是可再生能源是资源富集国经济发展最重要的推手，如非洲各国；二是可再生能源具有地缘属性和经济属性，易引发权力竞争；三是可再生能源国际合作是全球能源转型、能源秩序与治理的重要组成部分。正因如此，中非可再生能源合作易遭到西方大国的破坏。

西方对中非可再生能源合作的破坏方式主要有两种。

第一种，宣扬中国对非是"新殖民主义"，企图破坏中非可再生能源项目合作。部分西方学者及媒体认为，中国重视发展对非关系的根本原因是争夺石油等战略资源的需要，实际上是一种"新殖民主义"的表现。2006年2月，英国外交大臣杰克·斯特劳访问尼日利亚时表示："中国今天在非洲所做的，大多数是150年前我们在非洲做的。"[①] 2011年6月，美国国务卿希拉里·克林顿（Hillary Clinton）访问赞比亚时，警告非洲应该提防中国的"新殖民主义"。[②] 英国广播公司（BBC）2011年推出纪录片"The Chinese are Coming"，抹黑中国形象，恶意宣扬中国在赞比亚等非洲国家的"新殖民主义"活动。2016年，"美国之音"报道中国为非洲的基础设施项目提供资金以换取自然资源是剥削行为，指

---

① Tom Stevenson, "Chinese Moves Spawn a New Order", The Telegraph, 2006 – 08 – 23, https：//www. telegraph. co. uk/finance/2945957/Chinese-moves-spawn-a-new-order. html，访问时间：2023年3月25日。

② "Clinton Warns Africa Against China's Neocolonialism", The China Time, https：//thechina-times. com/online/2011/06/154. html，访问时间：2023年3月25日。

责中国的行为是"新殖民主义"。① 西方部分国家对中非合作的诋毁、污蔑、扭曲从未间断和停止，尤其是在中国提出"一带一路"倡议，与非洲共建"一带一路"后，西方部分国家对中非合作的深入更是充满不满情绪。

第二种，对冲中非能源合作机制，将中国挤出非洲。中非能源领域的合作自 20 世纪 90 年代初开始，并随着中非合作论坛建立、中非共建"一带一路"提出、《中非应对气候变化合作宣言》出台等，由最初的直接购买逐渐拓展成传统能源到新能源的集勘探、开发、建设、贸易等于一体的全方面及深层次合作。也正因此，西方国家及其盟友加紧签订与非洲能源战略合作的框架协议，以排挤中国与非洲的能源合作。

美国方面，2013 年 7 月，奥巴马访问非洲时提出了一项为期五年的"电力非洲倡议"（Power Africa Initiative），作为美国对非新战略的核心内容，要为非洲提供可负担的、可靠的、可持续的电力。作为该倡议支柱性项目的"美非清洁能源融资倡议"（US-Africa Clean Energy Finance Initiative），已支持 11 个非洲国家的 27 个早期可再生能源项目，总计 47 万千瓦。其中，17 个已经达到或接近商业运营。② 特朗普政府时期，强调使用天然气推进"电力非洲倡议"，并成立了美国国际开发金融公司（IDFC）与中非能源合作模式展开竞争。2018 年美国国际开发署推出"电力非洲倡议"的升级版，即"电力非洲 2030 年路线图"（Power Africa Roadmap 2030）。美国在非洲的电力行动，使美国与非洲保持着密切的能源合作关系。美国能源部国际事务办公室和美国国际开发署与南非在天然气开发、能源效率和可再生能源方面密切合作；美国能源部与摩

---

① 马艳、李俊、王琳：《论"一带一路"的逆不平等性：驳中国"新殖民主义"质疑》，《世界经济》2020 年第 1 期。

② "OPIC's Africa Clean Energy Financing Facility Supported 27 Early-Stage Projects Since 2012"，U. S. International Development Finance Corporation，2017 - 12 - 17，https://www.dfc.gov/media/opic-press-releases/opics-africa-clean-energy-financing-facility-supported，访问时间：2023 年 3 月 25 日。

洛哥能源、矿业、水和环境部以及太阳能与新能源研究所签署了一份谅解备忘录，在 2019 年启动首届非洲太阳能十项全能竞赛；美国在东非地区帮助科学家提高当地地热建模能力，特别是与肯尼亚的地热部门保持紧密合作关系。

欧盟方面，欧盟及其成员国与非洲的能源合作更为紧密。欧洲从大陆、次区域和国家三个层级提出合作行动。大陆层级，通过"非欧能源伙伴关系"深度挖掘合作潜力，双方聚焦低碳的电力基础设施建设，发挥欧盟－非洲基础设施信托基金（EU-AITF）、欧盟"全球门户—非洲一揽子计划"的作用；促进两大洲之间的高层接触和政策制定，提高接触和政策的有效性；保障具有包容性的多元利益攸关方能够进行政策对话和能力建设交流；确保欧洲团队（Team Europe）和知识管理的统一方法得以应用。次区域层级，加强区域能源项目管道和数据库建设；协调区域能源项目的选择、融资和实施；通过发展援助以调动私营部门资本和技术投向非洲次区域；加强与多边和区域组织在可持续能源方面的合作与互动，加强伙伴国家间对话和信息交流。国家层级，确保有效的信息交流，保证能源项目选择的有效性；提供政策和技术援助支持；确保区域和国家行动之间的一致性和互补性。2022 年"非洲－欧盟绿色能源倡议"提出，非欧能源伙伴关系进入新阶段，是欧洲开始认真深入思考与非洲能源合作的结果。2023 年欧盟公布《欧盟绿色协议工业计划》（*EU Green Deal Industrial Plan*），其中一部分内容涉及促进非洲各地的可再生能源和绿氢项目。目前，德国、法国、西班牙等国已与摩洛哥、埃及等非洲国家一起大力推进氢能合作。

除欧美国家外，日本、印度等国也与非洲国家建立了长期能源合作关系。日本在 2013 年和 2015 年举办两届"日非能源部长级会议"，并出台了《日本与非洲促进能源资源开发倡议》，2017 年日本政府与非洲开发银行（AfDB）签署《启动日本—非洲能源倡议意向书》。日本与非洲多国达成了一系列合作协议，在尼日利亚、阿尔及利亚等 17 个非洲国家设"能源矿产资源官",为双边能源合作打下政治基础。2016 年第六届日非峰会上,时任日本首相安倍晋三倡导建立"日非官民经济论坛",呼吁各领域企业共同参与对非能源合作。2022 年第八届东京非洲发展国际会议成功举办,意味着日本将更加重视对非能源外交。① 2003 年,印度提出"聚焦非洲"(Focus on Africa)计划,设立专项资金促进印非间的经贸发展。2007 年 11 月 6 日,第一届印非石油会议在新德里召开,25 个非洲国家出席会议(其中 10 人为非洲国家能源部长),将印非能源合作推向新的高度。2008 年 4 月 8 日,首届印度—非洲论坛峰会召开,签订了《新德里宣言》(New Delhi Declaration)和《印度—非洲合作框架协议》(Framework Agreement on India-Africa Cooperation)两个纲领性文件,明确提出加强印度与非洲能源合作,印度在与非洲的能源外交领域迈上了新台阶。②

第三节　中非投资合作的挑战

2021 年 8 月,中非民间商会发布的《中国企业投资非洲报告》显示,中国企业在非洲 54 个国家开展业务,累计投资超过 200 亿美元,涉及制造业、工业园区、交通物流、基础设施、贸易电商、农业加工、医疗卫生、法律商事等行业。③ 随着中非合作论坛机制的不断完善和非洲大陆自由贸易区的建设,中非将进一步开展全方位、多层次和宽领域的投资合作。然而,新形势下西方大国强化地缘政治意义,海外企业利益成为国家利益在他国的延伸,中国在非企业因此成为西方大国打压的对象。当前,中国企业海外利益保护能力不足,导致中国在非投资利益受

① 王一晨、白如纯:《地缘能权视角下的日本能源外交——以对非洲合作为例》,《现代日本经济》2023 年第 1 期。
② 常思:《从印非关系的重新调整看印度对非洲能源外交》,《南亚研究》2013 年第 2 期。
③ 《中国企业投资非洲报告——市场力量与民营角色》,中非民间商会,2021 年,第 I 页。

损，不利于中非投资合作的持续与深入。受新冠疫情负面影响，非洲经济低增长，外资吸引力降低。此外，西方国家及其媒体对中国发起舆论攻势，恶意指责中国在非投资，破坏中国形象。来自中国、非洲及外部的多重不利因素，或将阻碍中非投资合作的进一步发展。

一　中企海外利益保护能力不足

新形势下大国、新兴国家在非洲的地缘博弈愈发激烈，这意味着国家利益角逐因突破地理边界而愈加重要。海外利益保护是国家战略的重要组成部分，其重要性正在日益增强。世界上主要大国都极为重视自身海外利益的保护问题，西方大国尤其如此。新形势下经济利益出现了加速拓展和竞争的趋势，海外经济利益的保护对"走出去"的企业十分重要且迫切。

新形势下国内国际形势在持续变化且愈发复杂化，在国家的利益结构中，中国海外利益所占比重迅速上升，保护中国企业在海外的利益凸显其重要性和迫切性，中国亟须针对海外利益议题进行顶层设计。非洲整体经济发展水平较全球偏低的特点，使我们必须从整体角度出发，考虑非洲的安全问题。对于在非洲的中国企业来说，安全问题包含企业所在国家和地区的政治、经济、军事、社会等全面的安全风险因素。中国作为一个新兴大国，维护海外利益的经验还不够丰富，针对中国企业海外利益保护尚未形成一个十分成熟和完备的体系。目前，中国企业在非洲投资存在对海外利益保护能力不足的问题。

一方面，中国企业对海外投资风险的识别能力不足。2015 年非盟在《2063 年议程》中提出"消弭枪声"倡议，非洲联合国际组织、主要大国共同推进和平安全治理。目前来看，非洲和平与安全方面的治理情况是"喜忧参半"。恐怖主义、暴力犯罪、示威游行等事件频繁在非洲国家发生，在此情形下，非传统安全问题与传统安全问题交织出现，使得安全问题更加复杂和难以解决。自新中国成立以来，中国国内一直保持相对稳定和平的环境，政治生态良好，为中国企业在国内经营发展提供了有利的营商环境。在一定程度上，这导致中国企业习惯性将国内经营企业的思维方式套用在非洲，只注重项目经济价值分析，而忽视了关键性的整体投资环境风险评估，包括对东道国的政治风险评估、项目环境风险评估、宏观经济风险评估、社会和法律风险评估等，是一个全方位的、动态的、多因素、多层次的风险评估系统。部分大型企业具有一定的风险意识，但未重视对项目的全面风险评估，而流于形式"走程序"。在非洲的中国企业对海外投资风险识别能力不足，出现项目合作被中止、被群众暴力抗议、本地员工与中国员工矛盾激化、大量的偷盗活动等，给中国企业造成大量损失。

另一方面，中国企业海外利益保护未得到系统性整合，难以形成一个较为完备的风险防范系统。在非洲地区，特殊且复杂的环境推高了进行战略维护的难度。这就是说，在非洲的中国企业不可能仅凭本公司的力量，承担对投资风险从识别到预判和防范的所有任务。企业需要与国家政府相关部门、安保机构和公司、保险公司、东道国相关华人机构和协会等保持密切沟通，建立合作关系，共同为项目投资评估服务。显然，部分中国公司还未能拥有这样一个系统性的风险评估平台。这就需要依靠国家政府的力量，自上而下推动中国海外利益保护体系的建设，对社会资源加以整合，形成合力，为中国企业在非洲投资提供基本保障。当前，已有诸多私营安保公司从事安全风险相关业务，并由传统安保业务上升到现代化信息安保业务，如中保华安集团有限公司、华安智护科技数据（云南）有限公司、平衡（北京）管理咨询有限公司等。

案例（中非共和国）： 2023 年 3 月 19 日，在中非共和国发生一起针对中资民营企业的武装袭击事件，造成了中国公民 9 人死亡、2人重伤。当前，中非共和国除首都班吉以外，其他地区安全风险等级均为红色，也就是极高风险。一段时期以来，中国外交部多次发布安全提醒，呼吁在高风险地区的中国公民和企业尽快撤离，维护好自身安全。

二 非洲经济低增长降低投资吸引力

疫情的暴发严重影响了非洲国家的经济增长。疫情防控措施每个月给非洲国家造成约 690 亿美元的经济损失，特别是部分依赖旅游业的非洲国家经济遭受重创。非洲联盟在 2021 年 1 月 19 日发布的《非洲发展动态》报告指出，新冠疫情给非洲大陆造成了 25 年来最严重的冲击。2020 年，约 41 个非洲国家 GDP 下降，远超 2008 年金融危机时的 10 个国家。相比当年的全球金融危机，目前非洲国家可调用的资金也明显更少了。2010～2018 年，非洲国内人均收入下降了 18%，人均外部收入减少 5% 左右。2019～2020 年，至少 22 个非洲国家的税收占 GDP 比例下降 10%[1]，国民储蓄减少 18%，侨汇收入减少 25%，外国直接投资减少 40%。

国际货币基金组织预测，撒哈拉以南非洲地区 2020 年经济收缩 3.0%，到 2021 年，该地区经济增长恢复至 3.1%，但许多国家要到 2022～2024 年才能恢复到 2019 年的产出水平。[2]

随着 2020 年新冠疫情席卷全球，非洲各国经济开始表现下行趋势。最为代表性的是非洲大陆的赞比亚，成为 2020 年非洲第一个违约按时还债的主权国家。联合国非洲经济委员会还表示，新冠疫情导致的大宗商品价格下跌，可能给南非、尼日利亚、阿尔及利亚、埃及和安哥拉等非洲经济强国带来财政压力。疫情在世界范围内持续传播，直接导致非洲国家的旅游业受损，外国直接投资减少，资本外逃，投资减缓等。

---

① "Africa Development Dynamics Report 2021: Digital Transformation for Quality Jobs", AUC/OECD, 2021, p. 19.

② "Regional Economic Outlook. Sub-Saharan Africa: A Difficult Road to Recovery", International Monetary Fund, October 20, 2020, p. 1.

国际货币基金组织总裁格奥尔基耶娃在接受采访时指出，疫情使非洲大陆面临至少是自 20 世纪 70 年代以来最沉重的打击。她警告指出，如果没有数百亿美元的额外支持，可能出现非常沉重的创伤，导致持久的可怕后果。她还指出，非洲大陆是一个进步中的大陆，这种势头被明显打断了，该地区的一些经济体，例如加纳、埃塞俄比亚、科特迪瓦、卢旺达和塞内加尔，近年来已跻身世界上发展速度最快的经济体之列。鉴于撒哈拉以南非洲地区的人口不断增长，以人均计算，该地区受到的影响更大，预计收入将下降 5.4%。这可能使上万人重新回到极贫状态。另外，撒哈拉以南非洲地区严重依赖石油的经济体和依赖旅游业的经济体经济将分别退缩 4.9% 和 9.7%。① 大宗商品价格下跌、汇款流受到抑制以及旅游业和投资瘫痪，使非洲大陆整体经济受到严重冲击。而疫情的影响，使它们越来越倾向于实施一些贸易保护主义相关的政策。众所周知，在近几年，中非之间的经贸往来发展迅速，但是在发展过程中不断发生一些贸易摩擦。例如，中国劳动力价格相对低，生产出的产品在非洲卖的价格也较低，这对非洲部分国家一些产品形成巨大的竞争力，甚至压低了非洲部分国家市场的产品价格。因此，非洲一些国家为了保护自己本国企业健康发展，开始对中国一些产品设置严格的贸易壁垒，也有一些国家甚至开始禁止进口中国的产品。

由中国社会科学院西亚非洲研究所和中国非洲研究院研创的《非洲发展报告（2020～2021）》指出，新冠疫情对非洲国家产生了严重冲击，加剧了非洲经济低增长、高债务困境，进一步暴露了非洲长期以来单一经济结构和外部依赖型经济模式的脆弱性。在该报告中，不同非洲问题专家认为，疫情在短期内也给中国企业开展对非经济合作带来较大的困难。2020 年 12 月 2 日由北京德和衡律师事务所和中国社会科学院西亚非

---

① 《IMF：非洲面临 1970 年代以来最严重经济冲击》，中华人民共和国商务部，2020－07－02，http：//www.mofcom.gov.cn/article/i/jyjl/k/202007/20200702979488.shtml，访问时间：2022 年 10 月 20 日。

洲研究所非洲法律研究中心在北京共同发布的《在非洲中资企业法律服务需求调研》报告显示，2020 年的新冠疫情给中资企业在非洲投资带来了诸多不确定性因素。该报告还显示，新冠疫情的暴发使中资企业在非洲投资商业合同出现履行延误及违约，员工无法到位或解聘变成了中资企业普遍面临的情况，甚至部分中资企业在非洲投资面临与当地员工发生激烈纠纷的风险。疫情严重时，部分非洲国家政府对海外企业，包括中国企业采取了各种出口管制、征收征用、外汇汇出限制等措施，而这些措施将降低中国企业在非洲投资的意愿。

　　案例（卢旺达）： 在整个非洲大陆，卢旺达在采取措施有效抗击疫情蔓延方面表现出色。卢旺达共和国总统保罗·卡加梅确信，疫情过后，该国经济将有所回升。他在 2022 年 4 月参加"投资非洲"联盟组织线上会议时，对泛非投资者们发表上述讲话。"投资非洲"是一个领先的泛非商业平台，旨在促进非洲大陆的贸易和投资。卡加梅表示，卢旺达经济会在疫情之后继续保持良好发展。卢旺达已从国际货币基金组织获得 1.094 亿美元贷款，以及约 1100 万美元的债务减免。① 卡加梅补充说，卢旺达已经做好了投资准备，维持经济增长，以及填补在经济放缓期间可能出现的缺口。优先投资部门包括技术、服务业、金融、旅游和酒店业等。"卢旺达不断致力于改善人力、治理，并建立强大制度，使其在日益激烈的竞争中仍然是理想的投资对象"他补充说。卢旺达驻华大使詹姆斯·基莫尼奥认为，卢旺达需要中国助力卢旺达经济发展。"中国是许多国家经济发展的重要参与者，特别是在贸易和投资等部门。因此，在目前的困难时期，许多国家更需要与中国建立强有力的伙伴关系，

---

① 《国际货币基金组织向卢旺达减免 1100 万美元债务》，中华人民共和国商务部，2020 - 04 - 15，http://www.mofcom.gov.cn/article/i/jyjl/k/202004/20200402955266.shtml，访问时间：2022 年 10 月 11 日。

促进本国经济复苏。"他强调了中国在疫情期间，对非洲国家，特别是对卢旺达的支持。他指出，在此次疫情期间，卢旺达在如何开展网络贸易方面学到了很多。这位大使说，希望与中国在贸易方面的伙伴关系能够维持卢旺达，乃至非洲的经济发展。作为中非合作框架下的重要合作举措，希望这能减缓非洲国家经济下行压力。他提醒道：现在不能恐慌，要提前认真规划，这样才能利于政府和投资者助力恢复经济。到目前为止，卢旺达农民和企业家已与中国投资方洽谈，提前规划如何扩大贸易合作。此外，在疫情期间，卢旺达驻华使馆还与中国企业家合作，举办辣椒、咖啡等特色产品的网上销售。大使鼓励中国投资者和卢旺达农民合作，不断探索机遇，加快两国经济增长。

三　西方国家及其媒体发起舆论战

自 2000 年中非合作论坛成立，中非全面关系在近 20 余年取得了全方位发展。日益紧密的中非关系招致了来自部分西方发达国家媒体和政客的舆论攻击，舆论成为影响中非关系发展的风暴之眼。中非舆情环境的严峻化不仅会影响中非关系的发展，而且会直接危及在非洲大陆投资兴业的中国企业及中国人的生存及环境安全。因此，中非如何面对复杂国际舆情，是中非今后共同要面对的一个挑战。

为何会这样？较普遍的解释是，大部分非洲国家处于垄断地位的社交媒体网络被西方资本所垄断和掌控，电视频道也多直接转播或采信西方传统媒体发布的信息。不可否认，部分西方发达国家掌控世界媒体舆论主导权已经是一个长期的现象。西方部分媒体在专业技术、科技水平、人才资源上都比较强，并且有一套成熟的针对发展中国家的媒体战略。现在看来，如果中国和非洲国家不加强媒体舆论的自主建设，对双方的政治稳定、民族团结、经济发展以及社会安全，都是非常不利的。

目前，中非合作面临西方媒体主导话语权的挑战。每当中非合作进入关键时期，西方一些媒体就会制造大量舆论事件，而一些精心炮制的舆论不仅在非洲国家广泛流传，也在中国国内产生十分不好的影响。[①]最典型的例子为"债务陷阱论""中国威胁论"等。

关于"债务陷阱论"，前文已做详细分析，可见西方一些媒体常故意夸大非洲国家对中国的债务，希望以此来指责中国给非洲国家造成了极重的债务负担。

新冠疫情期间，除了"疫情隐瞒论"之外，西方媒体进一步炮制出"对非战略机会论"，并把疫情期间中国对非援助曲解成了"弥补责任"和"进一步控制非洲"等。这些由西方部分国家在背后操纵的洗脑式问责和各种有针对性地偏激讨论带着明确的"拉仇恨""带节奏"的目的，其内容和指向都远远超越了公共卫生的范畴。[②]

欧美国家有少数政客总是恶意解读中国对非投资和援助，把中国对非洲的经济支持称为"新殖民主义"。[③]另外，西方一些对中国抱有敌意的政客，为了抹黑中国可谓"花样百出"。最典型的例子是 2019 年美国国务卿蓬佩奥访非时恶意解读中国行为，称中国对非洲的承诺和帮助会"滋养腐败和依赖"，阻碍非洲国家的繁荣和进步。这件事之后，又有一些别有用心的西方政客在非洲社交媒体上散播所谓"非洲人疫情期间在华遭虐待"的视频和文章。这些脱离现实的选择性报道都是不可取的。

随着中非合作越来越深入，共建"一带一路"越来越向前推进，一些西方发达国家对中非关系的抹黑也会越来越多，用媒体制造事端的做

---

① 贺文萍：《复杂国际舆情下中非关系如何续写辉煌》，《人民论坛》2020 年第 20 期。

② Aleksandra Gadzala, Marek Hanusch, "African Perspectives on China-Africa: Gauging Popular Perceptions and Their Economic and Political Determinants", Afrobarometer Working Paper, 2010, p. 1, http://afrobarometer.org/sites/default/files/publications/Working%20paper/AfropaperNo117.pdf, 访问时间：2020 年 12 月 17 日。

③ Samuel Nwite, "Trump Vows China Must Pay for Covid-19 as His Reelection Chances Wane", Tekedia, https://www.tekedia.com/trump-vows-china-must-pay-for-covid-19-as-his-reelection-chances-wane/, 访问时间：2020 年 12 月 15 日。

法会越来越明显。因此，中非的智库和媒体需要承担更多的责任，把真实的中非关系告诉更多人。中非的智库和媒体如何更好地交流合作，共同捍卫中国和非洲的话语权是一个长期话题。目前，中非不仅要捍卫政治独立、经济独立以及发展权利，还要捍卫中非双方的思想权利、话语权利。这是一场长期的斗争，长远来看，发展中国家一定要迈过这个坎。当西方国家设置的话语权高墙挡在中非面前时，只有奋力跃过这道话语高墙，中非双方进行现代化发展、共建"一带一路"和实现非洲联盟《2063 年议程》的梦想才有可能实现。

第四节　中非蓝色经济合作的挑战

阿尔弗雷德·塞耶·马汉（Alfred Thayer Mahon）的《海权对历史的影响》提出，"谁控制了海洋，谁就控制了全世界"。正因此，海洋被赋予了地缘政治属性。随着科技的不断发展，海洋资源得以开发和利用，其地缘政治属性意义更加显著。围绕海洋及其资源，各国展开了力量角逐，全球海洋治理因此陷入困境。虽然中非蓝色经济合作不仅有利于全球可持续发展，也是中非双方经济增长的新一极，但是新形势下的全球蓝色经济的政治化趋势明显，无疑影响了中非蓝色经济进一步合作。

除了大国间海洋博弈的挑战，中非蓝色经济合作的另一个挑战来自中非蓝色经济合作本身。中非蓝色经济建设的能力不对等，造成中非蓝色经济产业深度对接存在困难。这种情况会影响中非蓝色经济合作的广度和深度。

一　全球蓝色经济的政治化

1890 年马汉的《海权对历史的影响》一出版，立即引起了国际社会，尤其是美国、德国、日本等大国的关注。海权是指一国通过海洋进行军事和民用活动而行使的权力。海权有六个基本要素，即地理位置、物理结构、领土范围、人口规模、人民特征和政府特征。基于这些因素，马汉将美国设想为大英帝国的地缘政治继承者。事实上，美国的确继英国之后成为世界霸主。海洋兼具地理属性和政治属性，且后者伴随海洋资源的经济利益而更加突出。目前，存在一种正比关系趋势，即全球倡导发展蓝色经济的潮流越迅猛，行为体"海权"争夺越激烈。国际社会从未放弃过对海洋的关注和对海洋利益的角逐，通过海洋积累了财富的国家可能在国际舞台上发挥主导和决定性作用。

基于"海权"的建构主义视角，全球蓝色经济的政治化倾向使中非蓝色经济合作面临较大的外部压力。这种外部压力体现在两个层面。

第一个层面，全球海洋治理的形成和落实耗时且具有不确定性。

一方面，海洋法的制定是一个极其漫长的过程。第二次世界大战后，海洋治理重新进入全球政治议程，实际上反映了一种新的政治秩序正在建构。1945年《杜鲁门宣言》声称美国单方面有权在大陆架内勘探矿物资源（即石油），引发其他国家的强烈反对。在联合国框架内，国际法委员会自1949年开始工作以来，到1956年工作结束时，已经逐步形成了较为成熟的公海和领海制度等编纂条件，就海洋法的一些方面拟订了条款草案。1958年第一次联合国海洋法会议确立了《公海公约》（1962年9月30日生效）、《大陆架公约》（1962年9月30日生效）、《领海及毗连区公约》（1964年9月10日生效）、《捕鱼及养护公海生物资源公约》（1966年3月20日生效）、《关于强制解决争端之任择议定书》（1967年3月19日生效）。大会虽然审查了海洋法，确立了数项国际公约，但是未能将有关海洋法的规定载入。可以说，四项公约和一项议定书并非一套全面的综合性海洋法公约。经过漫长的谈判，直到1982年《联合国海洋公约法》才得以通过。《联合国海洋公约法》作为规范世界海洋公共秩序的基本法律手段，具有里程碑式的意义。

另一方面，全球海洋治理困境难以化解。虽然海洋法具有广泛国际基础，但有关全球海洋治理仍陷入困境。海洋法的制定之所以耗时长，根源在于行为体利益博弈。全球海洋治理的关键是集体协调一致行动，但作为全球海洋治理基础的国际海洋秩序却未能提供治理机制的运营环境。一是全球海洋治理观念由西方主导。西方曾视海洋为"无人"管理的公共领域，为其西方资本主义的扩张提供便利。技术推动使得海洋矿产资源产生极大诱惑力，美国主导并建立了海洋秩序。二是全球海洋治理行为体多元化。几十年来，围绕海洋问题的国际会议增多，包括全球海洋论坛、国际海洋保护区大会、世界小规模渔业大会、世界海洋峰会等，这些会议反映了科学、政府、非政府和私营部门对海洋治理的总体利益。海洋治理行为体的不同利益反映在"里约+2"峰会对蓝色经济的定义上，尽管如此，这些行为体对蓝色经济的诉求却大不相同。三是海洋"公域悲剧"在国际格局深度调整期难以避免。全球治理包括国际、跨国和区域层面的活动，是指公共和私营部门超越国界的活动。全球治理需要从国家到个人参与行动，其行动是通过道德和共同利益激励促成的。在缺乏唯一权威机构或世界政府的情况下，某单一行为体的利己主义行为就会导致合作不成立或失效。海洋治理就面临这样的情况，即"公域悲剧"。世界正面临百年未有之大变局，国际力量对比有"东升西降"趋势，全球治理的议题被置于权力视角去讨论，"公域悲剧"发生的可能性增大。美国不再强调多边主义，对地区海洋安全战略讲行调整和重塑，西方狭隘的单边主义海洋控制权意图更趋明显。许多发达资本主义国家限制和打压新兴国家、发展中国家作为全球海洋治理的新生力量。结果是，行为体追求自身利益最大化或保全自身利益不受损，最终导致海洋治理合作失效。

第二个层面，中非蓝色经济合作面临海洋地缘政治角逐的挑战。中国在"海上丝绸之路"倡议背景下，与《非洲蓝色经济战略》对接，迅速开启中非蓝色经济合作，并向"蓝色伙伴关系"方向深化合作，引起西方国家激烈反应。自2014年美非峰会后，时隔8年，即2022年美国再次召开美非峰会，旨在加强与非合作关系。2018年12月，美国出台对非新战略。2021 年 11 月，美国国务卿布林肯首次访非，相隔不到一年，即 2022 年 8 月再度访非，释放重新定位美国与非洲国家关系的强烈信号。当前，拜登政府的非洲新战略，以"气候变化"等新议题向非洲发起外交攻势。在蓝色经济领域，2021 年 4 月，欧盟—非洲绿色对话强调蓝色经济对可持续发展和非洲蓝色经济战略蓝图的重要作用。欧盟通过哥白尼海洋服务机构，为非洲提供海洋数据信息采集和分析服务，不断强化欧非蓝色经济合作共识。2018 年由德国联邦经济合作与发展部（BMZ）发起 MeerWissen 计划，与非洲一起进行海洋保护合作。德非商业协会 2019 年第六届"德非商业日"主题为"蓝色经济促进非洲增长"（Blue Economy for Africa's Growth），来自非洲和欧洲的企业、政府和民间组织共同讨论非洲蓝色经济的可持续增长问题，包括港口和航运、渔业和水产养殖、海上运输、物流和安全以及可再生能源等。西方国家对非战略的调整和合作领域的变化，有意"抵消"中非进一步深度合作。

以美国为首的西方主要在以下三方面挤压中国和非洲在蓝色经济领域的战略合作空间。首先，垄断非洲海洋安全治理机制设定。非洲主要通过国际法、合作和外交寻求海上安全，参与美国主导下的海洋安全治理机制。许多非洲国家仍然允许外部势力在其海洋领土上保有重大影响力，海军基地和海军"演习"使外部力量几乎全年都可以进入非洲水域，如美国非洲司令部（USAFRICOM）令其海军在非洲水域全年存在。2006 年，美国海军司令部召开东非和西南印度洋（EASWIO）海洋安全会议，参会者主要是来自印度洋沿岸的非洲国家。其次，联合力量对冲中国"海上丝绸之路"倡议对非影响力。2020 年美国发布《海上优势：拥有集成化全域海上力量》，共 37 次提及中国，强调大国竞争态势。2023 年欧盟发布《加强欧盟海上安全战略，应对不断变化的海上威胁》，将海洋战略触角伸向亚太，凸显与中国竞争的色彩。[①] 西方国家的这些

---

① 徐若杰：《新版"海洋安全战略"彰显欧盟海权竞逐目标》，《世界知识》2023 年第 9 期。

政策，明显具有对冲中国"海上丝绸之路"倡议对非洲影响的战略意图。最后，弱化中非蓝色经济合作成效。2022 年 9 月，美国国家科学基金会（NSF）宣布"融合加速器计划"，为网络化蓝色经济领域的 6 个跨学科小组提供 3000 万美元资金资助，以应对所谓的蓝色经济挑战。[①] 欧盟通过欧洲投资银行（EIB）向非洲提供技术和资金支持，发起"清洁海洋倡议"（Clean Ocean Initiative），针对非洲等地区的全球废物、废水和雨水的管理。2022 年欧洲复兴开发银行（EBRD）加入"清洁海洋倡议"，宣布将在 2025 年底向其提供 40 亿欧元。可见，欧美试图通过加强对非技术和资金援助，弱化中非蓝色经济合作成果，增强其在非影响力。

二　中非发展蓝色经济的不平衡

中非发展蓝色经济的不平衡，尤其是蓝色经济建设能力的不平衡，将阻碍中非蓝色经济合作向纵深方向发展。蓝色经济建设能力重点体现在蓝色经济产业链的建设上。中非经济发展水平差距较大，导致中非蓝色经济产业深度对接有困难。

从国内生产总值来看，中非经济发展水平存在较大差距。2011 ~ 2021 年，中国经济增长速度保持在 6% 以上，仅在 2020 年新冠疫情最严重时期明显下降（2.2%）。[②] 非洲经济发展则呈现出极不稳定的特点，2012 年经济增长速度猛增至约 7%，随后开始下降至 2016 年的 2%（见表 3 - 3）。从工业发展程度看，中非工业化水平也存在较大差距。一百多年来，中国经历了工业化的思考和探索期、农业经济向现代经济转变期、改革开放起飞期到建设世界工业强国期，已成为唯一拥有联合国产

---

① 《美国 NSF 为应对蓝色经济挑战提供资助》，中国科学院科技战略咨询研究院，2023 - 02 - 20，http://www.casisd.cn/zkcg/ydkb/kjqykb/2022/kjqy202212/202302/t20230220_6680391. html#: ~ :text = 2022% E5% B9% B49% E6% 9C% 882,% E7% BB% 8F% E6% B5% 8E% E7% 9B% 8% E5% 85% B3% E7% 9A% 84% E6% 8C% 91% E6% 88% 98% E3% 80% 82，访问时间：2023 年 2 月 25 日。
② 根据国家统计局历年年度统计公报数据得出。

业分类中所有工业门类的国家，并正在推进新型工业化建设。联合国大会于 1989 年将每年的 11 月 20 日定为"非洲工业化日"，以期通过国际力量推动非洲工业化。然而，非洲工业化进程却十分缓慢，经济增长一直集中在特定的部门和地理区域。许多非洲经济体仍然依赖初级商品，易受到全球供需波动的影响。2008 年非盟通过《加快非洲工业发展行动计划》，明确将工业发展确定为包容性增长、创造体面就业和许多其他发展目标的基础，工业化也是非洲开发银行（AfDB）十年战略（2013 ~ 2022 年）的重点，然而，非洲在工业发展方面的整体表现仍然不佳。尤其是，在新冠疫情的冲击之下，所有非洲国家工业化指数的平均得分在 2020 ~ 2021 年下降了 1.7%，[①] 这说明非洲仍未建立起现代化工业体系，目前的经济增长模式既不具有包容性，也不可持续。

表 3 - 3   2011 ~ 2021 年中非国内生产总值增速

单位：%

年份	中国	非洲
2011	9.5	2.9
2012	7.9	7
2013	7.8	4
2014	7.3	4
2015	7.0	3.8
2016	6.8	2
2017	6.9	3.7
2018	6.7	3.6
2019	6.1	3.3
2020	2.2	3.9
2021	8.4	4

资料来源：根据中国国家统计局历年年度统计公报和非洲发展银行历年《非洲经济展望》数据整理得出。

---

① *Africa Industrialization Index* 2022, African Development Bank Group, p. 30.

受经济发展水平的限制，非洲国家对海洋经济的发展缺乏整体性、可行性的框架设计，海洋产业体系未能建立，海洋经济产业呈碎片化发展。非洲主要的海洋经济产业包含海洋渔业、海洋油气业、海洋交通运输业及滨海旅游业，任何一个产业都需要相应的配套产业作为支撑，任意产业之间也形成上下游紧密相连的关系。如海洋油气业需要下游海洋科研服务提供海洋环境检测、海洋矿产资源勘探和开采技术设备；海洋渔业与海洋交通运输业形成关联产业。目前，海洋经济产业链的断裂，直接导致海洋经济产业化水平低下。考虑到非洲国家宏观经济表现欠佳，这种情况可能在较长一段时间很难改变。中国的情况与非洲大不相同，近年来在十八大、十九大及二十大的正确指导下，中国海洋治理能力显著提升，中国海洋经济产业向高质量发展迈进。在中国，北部、东部和南部海洋经济圈已经成熟，这是海洋经济的载体。2021 年，中国海洋生产总值突破 9 万亿元，对国民经济增长的贡献率达到 8.0%；主要海洋产业增加值达 34050 亿元，较 2020 年增长 10.0%。[1] 这意味着中国海洋产业发展潜力大、韧性强，海洋产业结构在进一步优化。在国际层面，中国依托国内海洋经济强劲发展，积极建设蓝色经济国际合作。中国依托"海上丝绸之路"打造共享型合作平台，以海洋经济为抓手构建蓝色伙伴关系，推动海洋经济高质量发展。在这一点上，中非蓝色经济建设能力的差异，使得双方的合作层次、深度都可能受限，蓝色经济产业要实现深层次对接还有较长的路要走。

中非发展蓝色经济的不平衡性，还体现在蓝色经济建设的协调能力上。蓝色经济是国家整体经济的一部分，由不同的相互依存的部门组成，如海运、旅游、能源和渔业，这些部门以共同技能和共享基础设施（如港口和配电网络）为基础，并依赖于海洋进行可持续性利用。这意味着，国家发展蓝色经济需要自上而下建立一套较为完备的政策机制，调

---

① 自然资源部海洋战略规划与经济司，《2021 年中国海洋经济统计公报》，2022 年 3 月，第 1 页。

动社会各阶层、各部门、各领域资源协调统一行动。

非盟通过《2063 年议程》、《洛美宪章》、《2050 年非洲海洋综合战略》和《非洲蓝色经济战略》，构建其蓝色经济发展的政策框架。非盟从安全、经济、环境、治理等多个维度，提出了非洲海洋经济发展的总体目标。总体目标的辐射范畴是非洲大陆，但由于海洋经济有强烈的地域特性，因此只有非洲沿海国家在扮演执行者角色，且仅有部分沿海国家。肯尼亚、坦桑尼亚、索马里、塞舌尔等东部非洲国家是蓝色经济的活跃力量，南非、毛里求斯、尼日利亚等少部分国家也在积极行动。例如，肯尼亚政府十分重视蓝色经济及其在改善肯尼亚整体经济方面的潜在作用。因此，肯尼亚政府扩大了海水养殖、航运和运输、旅游业和石油勘探活动，并将其确定为实现国家经济发展"2030 年愿景"的关键。同样，坦桑尼亚将蓝色经济置于其经济增长的中心，并为其蓝色经济发展制定了全面的路线图。索马里努力完备其蓝色经济政策，以求改变多年来海洋资源被掠夺的情况，寻求控制其海洋资源能力。塞舌尔成立了专门的蓝色经济部门，2018 年制定了《蓝色经济战略政策框架和路线图2018—2030 年》。南非制定了"帕基萨行动"（Operation Phakisa）蓝色经济发展战略，包括 47 项详细计划。[①] 毛里求斯在 2013 年公布了《海洋经济路线图》后，又于 2015 年启动"实现第二次经济奇迹和 2030 愿景"。尼日利亚将建立深海港口和多式联运的基础设施，视其为蓝色经济的重点内容，以推动海洋经济增长。很显然，非洲内陆国家并未参与蓝色经济建设。就是说，非盟的海洋经济战略实际上并未覆盖整个非洲大陆，非盟成员国会基于自身利益做出发展选择。

这些已经行动的国家在非洲域内未能形成一个整体联动效应，未能发挥合力发展蓝色经济。发展蓝色经济的前提条件是海洋安全治理，无论是非洲东海岸国家还是西海岸国家，都未在非盟海洋经济框架内建立

---

① 张春宇：《蓝色经济赋能中非"海上丝路"高质量发展：内在机理与实践路径》，《西亚非洲》2021 年第 1 期。

任何区域海洋安全协调机制。每年，非洲因非法捕鱼损失近 13 亿美元[①]，面对其他的海盗和武装抢劫以及海洋酸化等传统安全问题与非传统安全问题，沿海非洲国家也未能联合采取行动，未能共同提升海洋安全治理能力。此外，基于自身利益的考量，非洲沿海国家所制订的方案和具体计划内容存在差异化，使得海洋经济建设能力被分散。这种情况下，非洲各国更无法形成合力深研具体的蓝色经济领域，单靠非洲某一国实现蓝色经济的深度挖掘和充分利用显然还不现实。例如肯尼亚的重点是海洋资源和生态系统，塞舌尔的重点是海洋旅游业，毛里求斯的重点是海洋产业和港口服务，各自为战的做法对积贫积弱的非洲是不可取的，不利于提升非洲各国及非洲大陆整体海洋经济建设能力。

中国的政治体制和较好的蓝色经济对内对外政策，使得中国由下而上汇集和提炼发展蓝色经济的思想和举措，并自上而下迅速推动和落实蓝色经济建设，且内外部政策达到高度统一。相反，非洲很难做到这一点。这就造成中非蓝色经济建设协调能力的不平衡，进而可能导致中非蓝色经济合作效率低下、不确定性因素增加。

---

① *Africa's Blue Economy*：*A Policy Handbook*，（Addis Ababa, Ethiopia：United Nations Economic Commission for Africa，2016），p. 4.

第四章

新形势下中非经济合作的对策建议

第一节　中非产业对接与产能合作的对策建议

中非产业对接和产能合作要基于双方的发展战略，中非各自的发展战略直接指导其对外政策，影响中非合作的方向、内容，并最终影响合作成效。因此，深度对接中非发展战略是中非进行产业对接和产能合作的关键前提。新形势下，中非产业对接和产能合作过程中，要尤为注意非洲国家债务问题，警惕西方国家借此炒作而破坏中非合作。

一　中非发展战略的深度对接

随着西方部分发达国家不断奉行逆全球化思潮，发展中国家唯一的出路是更加强调合作。面对成绩和争议，中国自 2013 年所推进的"一带一路"倡议已在全力助力全球经济的发展。中国提出的"一带一路"倡议的宏大愿景是在发展中国家建设重要基础设施项目，试图解决全球贫困和不平等等重大难题。有些西方政客称中国意在通过"一带一路"倡议进行"债务陷阱外交"（Dept-Trap Diplomacy）夺取战略资源，创造"新殖民主义经济依附"（Neo-Colonial Economic Dependency），通过经济刺激索取政治支持。笔者认为这些西方观点毫无事实根据，"中非债务陷阱"纯属无稽之谈。中国对非洲投资已不断为非洲创造价值。例如，坦桑尼亚的马文尼水泥厂，是中非发展基金在新冠疫情防控期间完成投资收购、技术改造、扩建并实现投产的重点项目。作为中非合作论坛重要成果和中国首只对非股权投资基金，中非发展基金紧紧围绕中非"十大合作计划""八大行动""九项工程"等重点，帮助非洲国家提高社会综合发展水平，为非洲经济发展创造内生动力。

中非经济合作要防范西方部分国家的恶意破坏，需要认真思考中非双方发展战略的深度对接，确保中非经济合作既符合中国的利益，也符合非洲的利益。

一是中非产业对接和产能合作要更多考虑非洲人民的民生问题。新冠疫情暴发后，"一带一路"倡议为全球经济，特别是为发展中国家的经济重新注入了活力。"一带一路"倡议还促进了贸易的互联互通，巩固了供应链，发展了 5G 通讯和医疗援助。2020 年 3 月中旬，中国国家主席习近平呼吁打造"健康丝绸之路"抗击全球疫情。2020 年 6 月，中国外交部部长王毅主持了"一带一路"国际合作高级别视频会议，25 个国家的外交部部长或者部长级官员与会。中国国家主席习近平向该会议发表书面致辞表示，中方愿与国际伙伴并肩努力把"一带一路"打造成合作之路（Model of Cooperation）、健康之路（Model of Health）、复苏之路（Model of Recovery）及增长之路（Model of Growth）。王毅部长在该会议上指出，疫情并未限制，反而加强了"一带一路"框架下的合作。当非洲新冠疫情暴发时，中国第一时间驰援非洲，是全球首个与非洲大陆举行峰会以应对疫情的国家，向 17 个非洲国家派出抗疫医疗专家组或短期抗疫医疗队，使团结抗疫成为在中非卫生合作领域的新阵地。[1] 疫情后，"一带一路"倡议将继续提供便利，助力发展中国家的经济发展。非洲为发展中国家最多的地区，中国以"一带一路"倡议为合作背景，可以考虑适当增加一些小型发展项目、民生发展项目，让非洲普通民众

---

[1] 《新时代的中非合作》，中华人民共和国商务部，2021 - 11 - 26，https：//www.gov.cn/zhengce/2021 - 11/26/content_5653540.htm，访问时间：2023 年 7 月 13 日。

能够更好地体会到中国对非洲国家的重视。

二是利用中非共建"一带一路"倡议的共识，为中非产业对接和产能合作寻找新平台。非洲大陆是中国构建对外开放格局与推动"一带一路"倡议的重点区域。近年来，"一带一路"倡议与中非"八大行动"不断推进，构筑起中非合作的顶层设计，使中非合作成为中国对外合作的一大亮点。另外，中国把非洲大陆看成"一带一路"倡议的历史和自然延伸。《关于构建更加紧密的中非命运共同体的北京宣言》和《中非合作论坛—北京行动计划（2019～2021年）》明确指出，非洲大陆是"一带一路"倡议合作的重要伙伴。另外，在2020年12月，中国与非盟签署了《中华人民共和国政府与非洲联盟关于共同推进"一带一路"建设的合作规划》（以下简称《合作规划》），这是中国和区域性国际组织签署的第一个共建"一带一路"规划类合作文件。根据安排，中方将同非洲联盟委员会建立共建"一带一路"合作工作协调机制，推动《合作规划》实施。笔者认为，《合作规划》将有效推动共建"一带一路"同非洲联盟《2063年议程》对接，为中非合作创造更多合作机遇。中国和非洲大陆围绕"五通"领域，明确合作内容和重点项目，提出时间和路线图，未来合作前景可期。另外，共建"一带一路"同非洲自由贸易区建设相辅相成，将为中非经贸合作带来新的历史性机遇。非洲大陆作为"一带一路"倡议的重要参与者，不断改善自己的投资环境，也积极与中国签署共建"一带一路"备忘录。

三是中国要帮助非洲国家从中非产业对接和产能合作中获得真正收益。消除贫困、改善民生、推动经济发展一直是非洲联盟《2063年议程》的核心奋斗目标，也是共建"一带一路"所致力实现的发展目标。《2063年议程》是非洲国家建设未来世界强国的蓝图和总体规划，是旨在实现包容性和可持续发展目标的非洲大陆战略框架，是泛非主义（Pan-Africanism）和非洲复兴所追求的统一、自觉、自由进步和集体繁荣的泛非动力的具体体现。非洲联盟《2063年议程》重视基础设施和工业化两大发展领域，这正是"一带一路"倡议中的两大承诺。笔者相信非洲国家和中国在这些领域的合作将为非洲大陆的经济增长提供更多帮助。如何保证非洲国家从中获益？笔者认为非洲国家必须做到以下三点。

第一，正确认识中非经济合作。非洲国家不应该被西方部分媒体所炮制的"中国威胁论""中非债务陷阱"等说法误导，不应让其破坏与中国来之不易的良好合作机会。第二，保证政策连续性。部分非洲国家因大选出现执政理念和政策发生改变，使得中非合作项目存在合同管理风险。第三，提高治理能力。部分非洲国家需要实施良好的国家治理，优化投资政策和引资政策，巩固和发展外交关系。笔者认为，非洲各国需要重新将战略重点放在那些将增加与中国接触以及推进参与"一带一路"倡议的政策上。

总之，深化"一带一路"倡议与非洲联盟《2063年议程》对接可以非洲自由贸易区建设为契机，适时推进中非自贸协定的签署。到目前为止，非洲44个国家已与中国签署"一带一路"合作备忘录。"一带一路"倡议对接非洲联盟推进的《2063年议程》为中非产业对接和产能合作提供机遇，是新形势下中非经济合作的政策框架。

二　非洲国家债务问题的再思考

非洲债务成为西方部分媒体污蔑中非经济合作关系的有力证据之一，部分非洲国家被西方媒体的报道所误导。非洲债务问题真是由中国造成的吗？西方部分媒体常有这样的说法："中国是非洲最大的投资国，因此应该对于非洲国家的债务危机负有最大的责任。"不过仔细观察官方数据，会发现事实并不是西方媒体所描述的那样。根据联合国贸发会议发表的《2020年世界投资报告》，外国对非直接投资方面，欧洲仍然是非洲外国资产的最大持有者，居首的是英国（650亿美元）和法国（600亿美元）。若将欧盟成员国合并计算，欧盟国家在非洲的直接投资存量是中国（包括中国香港地区）的三倍以上。所以，中国到目前为止并不是非洲最大的直接投资国。反而,中国帮助疫情导致经济压力增大的非洲国家,积极落实 G20 国集团缓债倡议,在中非合作论坛框架下免除了有关非洲国家截至 2020 年底到期的对华无息贷款债务。目前,中国进出口银行作为双边官方债权人,已同十几个非洲国家签署缓债协议。① 其他非官方债权人也积极参照 G20 缓债倡议同一些非洲国家达成缓债共识。中方还将免除约 15 个非洲国家截至 2020 年底到期的无息贷款,并将继续推动国际社会,特别是 G20 进一步延长缓债期限。

非洲国家债务危机不是传统意义上的债务危机,而是在新冠疫情影响下的短期性危机。降低债务水平并不是解决非洲国家债务危机的正确方式。国际社会一方面应该帮助非洲国家,特别是低收入水平的国家实现紧急融资安排,开展发展性融资,携手帮助其渡过财政难关;另一方面需要激发非洲内生动力,这才是保障非洲经济长期、持续发展的根本。因此,笔者认为中国可以考虑以下两方面。

第一,有选择性地减免部分非洲债务。中国为保障一些项目的健康推进,减免了基础设施方面的债务,如修路、建发电站等方面。中国可适当考虑对涉及民生方面的债务进行减免或延长还款期限,如医院、医疗设备等方面。在适当减免的同时,可以考虑优化债务国的债务结构,促进非洲国家的可持续发展和债务的良性循环。

第二,对非洲国家转移一部分债务。非洲国家的很多发展项目在某种程度上还是有望实现较高盈利的,但是运营不善或者运营能力有限导致这些项目盈利状况欠佳,甚至亏损。例如亚吉铁路,原是一项有望盈利的发展项目,但由于该铁路运营不善,该项目的收益没有达到期望回报率。此外,该项目在某种程度上为埃塞俄比亚和吉布提两国带来了较

---

① Anna Gelpren et al. , "How China Lends: A Rare Look into 100 Debt Contracts with Foreign Governments", Aid Data in Collaboration with Kiel Institute for the World Economy, Center for Global Development and Peterson Institute for International Economics, March 2021, https://docs. aid-data. org/ad4/pdfs/How_ China_ Lends__ A_ Rare_ Look_ into_ 100_ Debt_ Contracts_ with_ Foreign _ Governments. pdf, 访问时间: 2021 年 4 月 1 日。

高的债务负担。笔者认为，中国是否可以考虑由中资企业、中非合资企业或非洲本土企业接盘。这样可能不仅可以减少双方对债务的担忧，盘活整个项目，实现第一还款来源的稳定，进而实现债务归还的稳定，而且可以有助于项目管理。

第二节　中非能源资源合作的对策建议

"机制"一词被约翰·鲁杰引入国际关系领域，是指各行为主体之间确定的一系列明确的或暗含的原则、规范、规则和决策程序。机制的建立在一定程度上确保了国际合作的可能和稳定，它能够约束和规范行为体的行为，并塑造行为体合作的预期。虽然仍存在行为体违反规则从而破坏国际合作的情况，但不能否认机制存在的意义和作用。建立中非能源资源合作机制，能够规范中非双方合作行为，增强互信，降低中非能源合作的交易成本，确保双方合作持续深化。

能源的开发和利用是一项系统工程，涉及不同行业和领域，需要汇集多方资源形成合力。因此，除了中非能源合作机制的建设外，中非还需要建立合作网络平台，为中非能源合作提供物力、人力、智力支撑。

一　构建中非可再生能源长效合作机制

众所周知，非洲大部分国家拥有丰富的能源和自然资源，而中国是世界上最大的发展中国家，对自然资源需求量大。中国使用的部分自然资源来自非洲不同的国家，如原油、钢铁、煤等。开展能源资源合作、促进经济发展等，一直是非洲国家的迫切要求。笔者认为，要保证中非资源能源合作顺利，中非双方需要建立政府间或者双方地方政府间可再生能源的合作机制。该机制可致力于制定中非双方政府互惠互利的策略以应对可能出现的挑战，处理由资源开发及合作带来的复杂利益关系问题。

20 世纪 90 年代初，中非首次开启了能源领域的合作。经过多年的努力与调整，中非已从最初通过贸易方式直接购买石油和石油产品逐渐拓展成集传统能源和新能源勘探、开发、建设、贸易等于一体的宽领域、深层次、综合性合作。

中非能源领域逐步形成的优势互补、互利共赢、持续发展局面，成为中非双方关系的一个新亮点。许多非洲国家到目前为止面临的主要问题之一是如何将自身的能源与资源优势转化为经济发展优势。中国按照互惠互利、共同发展的原则，已与非洲国家开展能源资源合作，这将成为帮助非洲国家发展经济的重要途径。总之，中非能源资源的合作是中非双方互惠互利的。在能源资源方面开展合作，非洲国家和中国皆可各取所需，实现各自的利益。非洲不少国家如阿尔及利亚、尼日利亚、安哥拉、南苏丹等已主动与中国开展能源资源方面的合作，已开始探索如何开展能源资源高质量发展。这些国家主要看重可再生能源方面的合作，也认可中国在可再生能源领域的先进技术，愿意在该领域与中国开展更深入的合作。为鼓励在该领域的合作，中国已走出第一步。2019 年 11 月 7 日在北京举行的 2019 年全球能源互联网暨中非能源电力大会上，中方发布了三项报告：《刚果河水电开发与外送研究》《非洲能源互联网研究》《非洲"电—矿—工—贸"联动发展新模式》。这三项报告获得参与该会议的非洲代表团的支持，将为非洲大陆清洁能源开发外送、电网互联互通等方面提供切实可行的项目研究支撑和系统解决方案。为了助力中非能源资源合作，中非应该考虑建立属于它们的双方政府间可再生能源合作机制。

二　全面推动非洲能源互联网建设

笔者认为，如果发展中国家不积极联手合作共同实现碳中和，可能遭遇西方发达国家以碳中和为理由，在将来的国际经济合作中向发展中国家施加压力。2022 年 12 月，欧洲议会和欧盟成员国宣布采用"碳边境税"机制，即目前正在推进的欧盟碳边境调节机制（Carbon Border Adjustment Mechanism，CBAM）。要实现碳中和，必须重视可再生能源的开发和利用。中国在可再生能源领域技术完善，与非洲国家在该领域合作，将帮助非洲国家实现绿色经济发展。但是，由于非洲大部分国家在工业领域刚起步，能源基础设施条件不足，可再生能源领域相关政策不完善，不利于中非可再生能源合作。中国提出的全球能源互联网倡议将为解决非洲可再生能源发展问题提供思路和方案。

2015年，中国在联合国发展峰会上首次提出全球能源互联网的"中国倡议"，即"探讨构建全球能源互联网，推动以清洁和绿色方式满足全球电力需求"。这一倡议是中国智慧的结晶，是世界能源治理和世界能源变革的中国方案。2018年9月，非洲能源互联网发展论坛在北京召开，几内亚与全球能源互联网发展合作组织联合倡议要求成立"非洲能源互联网可持续发展联盟"。2019年全球能源互联网暨中非能源电力大会在北京召开，会议设两大主题："全球能源互联网——绿色低碳可持续发展之路"和"非洲能源互联网——非洲发展新动能"。中国与参会的79个国家1000多位代表共商全球和非洲能源互联网发展的大计。非洲能源互联网是全球能源互联网的重要组成部分，不仅有利于为中非能源合作创造新机遇，更有助于推动非洲经济发展。非洲能源互联网的中国方案也得到了非洲国家的认可，例如，来自布基纳法索的能源和矿业部部长韦德拉奥戈在接受采访时指出，"为解决包括布基纳法索在内的很多非洲国家缺电及电网覆盖率低等问题，非洲各国应该积极与中国开展在该领域的合作，特别是可再生能源领域的合作，将可以更好地发挥非洲国家能源方面优势，促进非洲国家经济发展"。韦德拉奥戈还指出，"中非双方可以考虑建设构建更健全的非洲能源互联网，可以更好地发挥各非洲国家的优势"。加纳总统纳纳·阿库福-阿多表示，"全球能源互联网合作组织拥有领先的技术和科研能力，为促进非洲可持续发展搭建了融合能源、经济、社会、金融等领域的高端共享平台。加纳愿意同贵组织深化合作"。非盟委员会时任副主席奎西·夸蒂表示,"全球能源互联网及非洲能源互联网倡议对于非洲电网互联互通及能源优化发展意义重大,对于有效提升电力供应,促进电力化和工业化,加快非洲大陆能源可持续、清洁发展有积极促进作用"。① 基于此,中非能源合作应更进一步发挥非洲能源互联网的作用,构建符合中非共同利益和世界可持续发展要求的非洲能源互联网机制。依据全球能源互联网"中国倡议"在第一阶段(2020~2025年)实现国内互联的实践来看,中国国内能源互联网建设方面已经取得成效,积累了经验,这为全面推进非洲能源互联网建设提供了参考,可考虑从三个方面努力:

一是在非洲普及中国电网技术,帮助非洲尽快实现电力互联互通。可以预见,非洲能源电力仍将保持快速增长的态势。电力缺口造成非洲国家高额的经济损失,使脆弱的经济雪上加霜,并引发高通货膨胀,民众不满情绪加重,罢工抗议时有发生。例如,2022年2月至2023年初南非爆发了严重的大面积长时间停电;2022年11月肯尼亚全国范围均出现大规模停电。类似的情况在非洲国家十分普遍,尽快实现非洲电气化目标是当务之急。目前,我国自主发明的特高压电网技术已实现"中国制造"和"中国引领"。中国具备在非洲普及中国电网技术的前提条件,应结合非洲目前的电网发展计划、标准,加快中国的电力互联网技术和标准介入。同时,要帮助非洲增强电网技术自主创新能力,授之以渔,使非洲国家真正获得实惠。

二是利用中国"双循环"新发展格局的经验,助力非洲实现清洁能源开发和利用。尽管非洲清洁能源潜力巨大,但开发程度较低,水电开发比例不足10%,风电、太阳能开发尚处于起步阶段。如何统筹规划能源资源禀赋和分布,平衡供应和需求,是非洲解决电力短缺和实现清洁

---

① 《埃及、布基纳法索、加纳、蒙古国、几内亚五国总统向大会发来贺信和祝贺视频》,全球能源互联网发展合作组织,https://www.geidco.org.cn/2019/1107/1706.shtml,访问时间:2022年10月30日。

能源转型必须思考的问题。中国"双循环"新发展格局，要求充分激活国内市场主体，整合利用国际市场资源，塑造新的国际合作和竞争优势。中国"双循环"新发展格局的经验，适宜于非洲当下情况。一方面，非洲内部打破壁垒、统筹规划开发清洁能源十分必要；另一方面，吸引外资助力非洲内部清洁能源开发和利用也十分必要。如何调配和利用国内国际两个市场，中国已有的实践经验可为实现非洲清洁能源大规模开发和高效利用献计献策。

三是从中国能源治理角度，支持非洲围绕能源发展协调统一发展。非洲各国的政治治理能力、经济发展水平、资源禀赋及电力用户的支付能力等情况存在较大差异。这与中国国情有相似之处，中国国土面积大，人口多，各地区经济发展水平和资源分布各不相同。中国因地制宜，统筹发展，开发和结合创新性的技术方案与商业模式，根据不同的市场化程度灵活调配和分配资源。在能源项目的开发过程中，注重考虑扶贫、环境保护、当地人员职业技能等地方可持续发展要求，全面协调发展。中国解决能源及其相关问题的实践经验，适宜于非洲围绕能源发展议题，解决其经济结构、环境、贫困和劳动力素质提升等可持续发展问题。

非洲能源互联网可持续发展联盟主要涉及推动非洲国家清洁化、工业化、电气化等方面，将为中非双方政府、企业等各层级、各领域搭建政策对接、资源整合、项目落地的合作平台。

第三节　中非投资合作的对策建议

新形势下全球投资热度有下滑趋势。2020 年 5 月 23 日，习近平总书记看望参加全国政协十三届三次会议经济界委员时讲道："逐步形成以国内大循环为主体、国内国际双循环相互促进的新发展格局。"着眼于中国现阶段的发展及国内国外环境变化，中国经济增长模式实施"双循环"战略。在这种战略框架指导下，一方面，中国做大做强经济内循环；另一方面，做优做精国际循环。中非投资合作始终坚持互利共赢，中国基于双循环新发展格局，有能力也有意愿进一步提升中非投资合作热度，通过精准对接非洲需求、强化三方合作和塑造中非话语权机制，为非洲国家经济繁荣和社会稳定贡献中国力量。

一　中国投资精准对接非洲需求

近年来，中国和非洲国家通过"南南合作"、中非合作论坛等合作框架全面快速发展，特别是 2015 年在中非合作论坛约翰内斯堡峰会上提出"十大合作计划"，以及 2018 年在中非合作论坛北京峰会上提出"八大行动"。中国对非提供的巨额援款和投资引起世界各国和地区的关注。中国在两次峰会上宣布提供的资金支持总额达 1200 亿美元，缓解非洲国家在经济社会发展和民生改善领域面临的压力。到 2035 年，还将增加 600 亿美元资金支持。此外，中国为非洲国家企业及产品出口提供便利，实施免税措施，通过召开中国 - 非洲经贸博览会等举措刺激中非投资合作。

中国作为最大的发展中国家，有能力有意愿带领非洲国家共谋发展、共同富裕。笔者有如下几点建议：

第一，中非投资合作要落实"一国一策"。非洲大陆有 54 个国家，各国都制定了本国的发展战略，每个国家的国情也大不相同，投资需求不一，需要考虑非洲 54 个国家不同的现实和需求。例如，非洲之角作为世界上最贫困的地区之一，时常遭遇自然灾害，面临严重的粮食危机。因此，中国应重视与该地区农业发展相关的投资合作。以埃塞俄比亚为例，2001～2012 年，中国在埃塞俄比亚开展农业职业技术教育培训，累计派出教师 400 余人次，培训当地农业职业院校教师 1800 名、农业技术人员 35000 名。[1] 2012 年，农业示范项目之一埃塞俄比亚农业技术示范

---

[1]《〈中国的对外援助（2014）〉白皮书（全文）》，中华人民共和国国务院新闻办公室，2014 - 07 - 10，http：//www.scio.gov.cn/zfbps/ndhf/2014/document/1375013/1375013_1.htm，访问时间：2023 年 4 月 5 日。

中心建成并投入使用。2016年，中国与埃塞俄比亚畜牧渔业部签署了关于畜牧与渔业产能合作的备忘录。2019年，中国政府向埃塞俄比亚捐赠了148台/套农业设备物资。再如埃及，成立了专门应对气候变化的机构，制定了应对气候变化的国家战略，努力成为非洲地区气候治理的"领头羊"。因此，中国与埃及的投资合作就需要结合埃及国家发展战略，加强气候变化相关领域合作。当前中埃正在落实应对气候变化南南合作项目"十百千"倡议，解决埃及办公场所节能改造、周边区域道路照明和城镇贫困居民基本用电需求问题，促进埃及能源消费方式的低碳转型。①

第二，建立非洲国家项目库。中国对非投资应在小项目或小门类里打造样板项目和树立标杆项目。中非投资合作项目大部分是耗时较长、内容较复杂的项目，需要将项目进行分解，逐个进行风险管理，减少风险，挖掘投资潜力。中国应注重对非洲投资，积极关注非洲自由贸易区发展趋势，非洲自由贸易区将增加非洲大陆市场的内部需求，极大扩展非洲大陆市场容量，也将逐步加快非洲大陆一体化进程。关注非洲自由贸易区的发展，把握非洲市场变化，引导并鼓励中资企业精准投资，避免盲目投资风险，也避免与当地同行企业产生不必要的贸易摩擦。② 中非"十大合作计划""八大行动""九项工程"等发展战略明确了中国与非洲国家的战略合作方向，但如何落实和深度合作，是当前中非投资合作方面必须认真考虑的。因此，要建立健全非洲国家项目库，筛选重点项目，以重点项目为载体提高中非投资合作的深度和精准度，对投资项目进行统筹管理、跟踪管理、标准化管理，提升中国对非洲国家投资

---

① 《中埃举行应对气候变化南南合作项目援助物资发运仪式》，中华人民共和国生态环境部，2022－07－26，https：//www.mee.gov.cn/ywdt/hjywnews/202207/t20220726_989875.shtml，访问时间：2023年4月5日。

② Kaze Armel, "Understanding the African Continental Free Trade Area: Beyond Single Market to Africa's Rejuvenation Analysis", *Journal of Education, Society and Human Studies*, 1 (2), 2020, p. 95.

项目的精准性和有效性。

第三，建立智库联盟。中国应该多支持国内高校和机构对非洲问题开展研究，统筹协调国内非洲研究相关的单位，形成合力，为中非投资合作提供智力支持。在全国范围鼓励高校、研究机构、政府协同研究，在中非之间搭建研究合作平台，汇集各方力量，促进政产学研有机结合。

第四，为下一次（2024 年）中非合作论坛做好准备，中国与各个非洲国家共同谋划投资项目计划，认真考察自 2000 年以来对非投资的成效，总结经验教训，加强"三方发展合作"，破解投资合作中存在的难题。

总之，中非投资合作应该更加务实，精准对接非洲国家的需求，促进中非双方发展战略真正落地。

二　创新"中非投资＋"合作模式

在国际合作中，存在"三方合作"国际发展合作形式。"三方合作"最初是由西方发达国家发起和倡导的，一方面西方发达国家希望将南南合作纳入国际合作和国际发展援助体系中，以便缓解西方发达国家的压力；另一方面西方发达国家希望通过与新兴经济体合作，了解发展中国家的发展需求，并提供有利于西方发达国家获益的支持。什么是"三方合作"？具体到中非投资领域是指，除了中国和东道国以外，还存在一个第三方共同参与合作。第三方可以是国家或跨国公司，也可以是国际组织或者金融机构。当前，在新形势背景下，这种"三方合作"模式符合国际合作的需要，越来越多地被认为是连接"南南合作"与"南北合作"的有用渠道，许多国际会议和国际协定都认为这是实现有效发展合作的一种新方式。[①] 中国要改革国际经济秩序不合理的现象，必须创新国际合作模式，特别是开展"三方合作"。在西方部分发达国家不断推

[①] 黄梅波、唐露萍：《三方合作：推进全球伙伴关系的可行路径》，《国际经济合作》2013 年第 8 期。

动逆全球化思潮的背景下，加强国际合作和创新国际合作模式至关重要。"三方合作"的模式易被东道国和国际社会接受和认同，是一个多赢的合作模式。

对于中非投资合作，中国可遵循"三方合作"的模式，提出"中非投资＋"合作模式，将有利于保障中非双方经济合作持续且有效。

首先，"中非投资＋"合作模式有利于减少外界对中非经济合作的"杂音"。"中非投资＋"合作模式更为灵活，形成一种可兼容西方发达国家、跨国公司、国际组织等各层级多元行为主体参与的合作模式，真正践行了中国所倡导的共商共建共享原则，有助于追求合作共赢。2021年中国国家主席习近平在第七十六届联合国大会一般性辩论上提出"全球发展倡议"，要求加强团结，践行相互尊重、合作共赢的国际关系理念。"中非投资＋"合作模式正符合这一国际关系理念，用实际行动回应部分西方发达国家对中非合作的质疑和恶意诋毁。中国与非洲的经济合作与西方发达国家不同，中非合作不具有排他性，欢迎第三方积极参与，共谋发展。

其次，"中非投资＋"合作模式有利于确保投资项目的顺利进行。新形势下，人类面临诸多共同的挑战和困难，如气候变化、能源转型等问题，这是非一国之力可以应对和解决的。中非投资合作存在一定的互补优势，但仍然需要第三方的参与，形成契合度更高的比较优势。如第三方的参与能够带来更充足的资金和更为先进的技术，中国和非洲在这样的合作过程中，一方面可以调动原来不可获得的资源，另一方面可以学习技术和积累经验，这将不仅有利于投资项目的顺利推进，而且有利于提高中非自身能力，为长期合作奠定坚实基础。

最后，"中非投资＋"合作模式有利于合作的可持续性。多方参与投资合作，非洲国家的需求更容易被重视，利益更容易得到保障。这样还能调动非洲国家自身的能动性，积极参与合作，提升合作的持续性。此外，若一方出现问题或行为受限，其他方能迅速补充空缺，提供投资项目所必要的支持。

通过"中非投资＋"合作模式，非洲国家可以从更广的合作平台获取资源。这种模式下，非洲经济专家思考并分析非洲大陆的发展需求与中国新发展道路之间可能存在的新的合作领域。

在中非层面，中国同大多数非洲国家建立了伙伴关系（Individualized Partnerships），根据每个非洲国家自身当前独特的发展需要确定合作领域。这些领域包括农业和粮食安全、工业化、投资、基础设施、贸易、金融、能源和自然资源、气候变化、减贫、公共卫生、教育以及和平与安全。在多边层面，这些领域同欧盟、联合国等发达国家和国际组织与非洲的合作领域契合。中国可以与欧盟及其成员国、联合国等进行"中非投资＋"合作，特别是在安全、气候变化、减贫、公共卫生等领域。实际上，中欧非合作已经在非洲得到实践，这是传统的"南南合作"和"南北合作"的融合与升级，促进了非洲可持续发展。以喀麦隆克里比深水港为例，中国港湾工程有限责任公司与法国、喀麦隆合作，组建了公司联合运营集装箱码头，填补了喀麦隆中转箱业务的空白。[①]

三 塑造中非话语权机制

随着时代的变化，话语权日益受到了世界各国的关注，尤其是自法国学者米歇尔·福柯（Michel Foucault）提出该概念以后。进入21世纪，中非关系全面深入发展，但是西方部分发达国家利用其在国际社会上绝对的话语权优势，破坏中非经济合作和中非关系发展。目前，西方发达国家依然主导国际话语权。非洲大部分国家媒体不发达，很多消息来源于西方发达国家的媒体，导致这些"二手"消息给中非经济合作造成不良影响，引起了非洲人民对中非合作的担忧和疑虑。笔者认为，如果中国和非洲国家不加强话语权方面的机制，将无法有效反击西方部分国家

---

① 《中欧非多方合作空间广阔》，中华人民共和国中央人民政府，2021－07－05，http：//www.gov.cn/xinwen/2021－07/15/content_5625247.htm，访问时间：2023年4月5日。

对中非经济合作发起的舆论战，将十分不利于双方长期合作。因此，中非应考虑共同塑造中非话语权机制。

第一，应继续掀起新一波非洲"汉语热"浪潮。中国在近十年积极推广中国文化、开展对非文化外交。中国在很多非洲国家通过开办孔子学院教授汉语，向非洲民众介绍中国文化。中国不少高校创办了非洲研究所，如北京大学、浙江师范大学、云南大学等高校都已成立非洲研究中心。智库、学者、媒体等对非洲的关注加强，越来越多的人开始研究非洲问题，使中非双方人民对彼此了解加深。中非双方相互了解加深，能够使双方合作免受外界不实传播的影响。在新形势下，非洲"汉语热"更应掀起新浪潮，借助互联网传播快、受众广的特点，开通一条中非文化交流专线，汇集中非高校、中非青年、中非学者、中非文化民间组织和机构等各方力量，线上线下互动交流，向中非双方和世界宣传中非文化。

第二，中非双方主动将合作成效公开透明。新形势下，中国在深化改革开放的同时，应将开放的成果主动公开，尤其是将中非合作的成效以中国人、非洲人乃至全球人听得懂的方式进行公开宣传。不仅如此，非洲也应主动展示中非经济合作成效，加强关于中国对非洲投资的正面报道和成果总结。

第四节　中非蓝色经济合作的对策建议

联合国环境署代理执行主任乔伊斯·姆苏亚说："虽然我们深知海洋蕴含着巨大潜力，但投资于维持健康海洋的创新解决方案仍然有限。通过投资海洋的可持续发展，我们不仅能够实现环境保护，还可以推动蓝色经济达到新的高度。"海洋与世界各国有关，没有一个健康的海洋，不可能有一个蓝色的星球。同样，对中非而言，发展海洋经济是双方经济合作的重要组成部分，而且关乎各自实现可持续性发展目标。

20 世纪 40 年代末 50 年代初，全球海洋治理开始兴起，并随着全球化进程不断发展。当前，全球海洋治理面临经济保护主义、单边主义、民粹主义等逆全球化行径的挑战。这说明，新形势下"海洋"被赋予深刻的政治意义。全球海洋治理实际上是国际经济秩序的一部分，发展中国家如何在此情形下扮演角色，将决定未来其在国际经济秩序中的位置。因此，中非海洋经济合作要求双方必须共同在全球海洋治理的新领域推动构建新的国际合作机制，在全球海洋治理体系的重建中为自身赢得更多的话语权。与此同时，中非在海洋经济领域应厘清各自优劣势，形成优势互补的局面，平衡、协调、同步发展。

一 中非共同推动海洋治理改革

海洋不是一个"开放的边界"，相反，它是一个权利和义务重叠、有时相互冲突的领域。各国在其专属经济区内使用海洋资源的主权，与保护海洋作为全球公域的国际义务之间存在紧张关系，这也是构建海洋治理机制的出发点。民粹主义和民族主义抬头是当前国际关系中极为不和谐的旋律，这种情况很可能推动更大的政治和经济孤立，部分行为体可能采取单方面行动，以确保自身资源、供应链和其他经济利益安全，从而拒绝或拖延全球海洋治理的行动。随着气候变化日益严峻，若海洋环境崩溃，将有可能导致全球和地方的经济、社会甚至内部政治制度进入一种持久的倒退状态。因此，海洋权力与海洋治理的矛盾的化解迫切需要国际社会建立海洋机制。新形势下，我们对海洋治理机制的创新和改革是十分必要且迫切的。

源于"和谐海洋"理念提出"海洋命运共同体"，是时代发展的需要。海洋命运共同体与人类命运共同体相辅相成。党的二十大报告提出，"促进世界和平与发展，推动构建人类命运共同体"，将"推动构建人类命运共同体"作为中国式现代化的本质要求之一。海洋命运共同体便遵循了人类命运共同体的思想核心，是人类命运共同体在海洋领域的具体体现和探索实践，为全球海洋治理提供了一种新的治理理念和路径。海洋命运共同体的思想，依据人类命运共同体思想的主要内容，构建了政治、经济、安全、文化、生态等"多位一体"的海洋共建体系。在政治上，坚持对话协商，积极搭建海洋合作平台；在安全上，以全球安全倡议为指引，共建持久和平、普遍安全的海洋秩序；在经济上，坚持合作共赢，推动共同繁荣发展；在文化上，坚持交流互鉴，推崇共商共建共享的价值理念；在生态上，坚持绿色低碳，让蓝色星球为子孙后代造福。可以看到，海洋命运共同体是真正的多边主义，深刻展现了当代全球海洋治理领域中国和合思维的智慧。正因此，构建海洋命运共同体需要国际社会多方努力，中非蓝色经济合作有必要形成海洋命运共同体的高度共识，以及实践海洋命运共同体。

从海洋的多重属性看，海洋问题复杂且敏感，关联民族情感、多方利益和权力斗争，需要统筹兼顾，对发展蓝色经济进行全面考量。中非双方共建海洋命运共同体，首先，要在思想上达成高度统一，这将直接决定双方蓝色经济合作的潜力。从当前中非合作论坛机制化运行来看，构建更加紧密的中非命运共同体要细化到关键性领域，从中非命运共同体理念中解构中非海洋命运共同体，确保新时代中非合作内容充实，有平台支撑，有基础推进。其次，要在行动上形成合力，这将是中非蓝色经济合作取得更大成效的关键。虽然中非蓝色经济合作已初见成效，且双方已建立坚实的合作基础，但双方发展蓝色经济的不平衡性会制约或破坏合作。基于蓝色经济建设共同目标，利用双方优势互补，确保"海上丝绸之路"倡议与《非洲蓝色经济战略》精准、深层次对接，以双方合力共谋蓝色经济发展。最后，要在国际社会发出同一声音，利用中非双方国际地位逐步上升的趋势，为全球海洋治理机制注入新的血液。

二　中非共同平衡和提升蓝色经济建设能力

中国是世界上最大的发展中国家，非洲是发展中国家最集中的大陆，双方既有相似的历史和共同的挑战，也有各种因素造成的较大差异和差距。这种情况对中非蓝色经济合作的负面影响是不容忽视的，新形势下，双方合作更应坚持互利共赢的态度，持有互帮互助的理念，保持协调统一的行动。

首先，互利共赢有助于缩小中非差距，以保证中非蓝色经济实现深度合作。中国可以运用已有平台（如海上丝路基金），加强与非洲开发银行、"非洲50年基金"、"非洲绿色基金设施联盟"等机构的合作，提升发展非洲蓝色经济的融资能力。中非也可以创新合作平台，如海洋专业平台（海洋生态论坛、海洋文化论坛、海洋安全论坛）、海洋综合性平台（滨海旅游—海洋商务立体交互式平台、海洋工程系统平台）等。通过平台创新，为中非蓝色经济合作提供共商共建共享机制，有利于调动双方积极性。

其次，互帮互助有助于缩小非洲内部差异。发展非洲蓝色经济不是某几个国家的任务，而是在非盟《2063年议程》框架下的全非洲人的目标。这要求非洲国家集体行动，为海洋经济建设做出贡献。中国幅员辽阔、人口众多，各地区自然资源禀赋差别较大，同样要求统筹发展，协作式和帮扶式发展。因此，中国积累了丰富的"试点"经验，实践和验证了区域经济布局统筹发展。根据非洲现实问题和非洲真实需求，可通过中国方案给予非洲帮助，推动非洲沿海国家与内陆国家的互动，使非洲尽快建立自己的海洋经济产业链。

最后，协调统一有助于实现真正意义上的中非海洋命运共同体。联合国2030年可持续发展议程第十四个目标（SDG14）是"保护和可持续利用海洋和海洋资源以促进可持续发展"，这是关于全球海洋发展的倡议。中非命运共同体秉持理念与之深度契合，中非在全球蓝色经济建设上保持协调统一的行动，在"海上丝绸之路"和《2063年议程》框架下打造全面的蓝色伙伴关系，提供蓝色经济合作范式，能为全球海洋倡议提质增效，为人类可持续利用海洋做出新的贡献。

结　论

　　本书主要围绕新形势下中国和非洲国家经济合作展开深入研究，探究中国和非洲国家在国际形势变化背景下应该如何在经济层面深化合作这一问题。2020 年，中非团结抗疫、共度时艰，中非各领域合作进入了新阶段。随着国际形势发生变化，部分西方发达国家对中国冷嘲热讽甚至打压、遏制。但是，无论国际风云如何变幻，中非始终是风雨同舟的好朋友、休戚与共的好伙伴、肝胆相照的好兄弟。在中非双方的共同努力下，政治上平等互信，经济上合作共赢，文明上交流互鉴，安全上守望相助，国际事务中团结协作，五大支柱不断夯实，中非"八大行动"中的每个发展项目稳步落实，齐头并进。

　　中国和非洲国家同是发展中国家，新形势对中国和非洲国家经济合作既是机遇也是挑战。本书从中非产业对接和产能合作、中非能源资源合作、中非投资合作和中非蓝色经济合作四个方面，分析中非经济合作面临的机遇和挑战。

　　机遇方面，一是新形势下中非互信进一步增加。2020 年是中非合作论坛成立 20 周年，也是中非团结抗疫、共克时艰的特殊年份，注定在中非关系史上镌刻不平凡的一页。新形势下，中非经济合作关系的前进方向符合时代发展潮流，也符合中非双方人民的共同利益。除史瓦帝尼外，其他非洲国家都已与中国建立经济合作关系。非洲国家领导人愿意与中国深化合作，认可中非经济合作模式，认识到与中国开展经济方面的合作对非洲国家经济发展的重要性，对中非拓展其他领域的合作充满信心和期待。中国领导人也高度重视与非洲国家深化经济方面的合作，无论是中非重点实施的"八大行动"，还是中方在 2015 年及 2018 年做出的 600 亿美元资金支持承诺，无不体现出在当前国际形势风云变幻的大背景下，中国以更为坚定的勇气和决心来进一步加强与非洲国家的合作。

二是新形势下中非更应携手共进，防止国际秩序重塑中被边缘化。自 2016 年以来，国际形势复杂多变，国际体系存在重组的趋势。在此背景下，中国和非洲国家应进一步团结合作，深化中非全面战略合作伙伴关系，特别是把"一带一路"倡议与非盟推进的《2063 年议程》结合起来，促进中国梦和非洲梦深度融合，共享发展机遇，谋求共同发展，携手打造升级版的中非全面经济合作关系，实现中非合作共赢。中非经济合作不仅是双方经济发展的重要引擎，能够增强双方的整体实力，也将为世界繁荣和稳定做出重要贡献。

三是新形势下中非优势互补更加明显，相互需求更加强烈。2021 年中非合作论坛塞内加尔峰会再次确定中国和非洲国家战略对接的具体发展方向，特别是疫情后继续开拓和深化双方经济合作领域，如绿色发展、互联互通、数字经济、工业化等。当前，中非关系正处于历史最好时期：新冠疫情没有改变中非经济长期互补的基本趋势，新形势下，中国与非洲国家比以往更加相互需要。

挑战方面，新形势下来自外部的压力增加，干涉频繁。一方面，部分西方发达国家媒体恶意报道和批评，严重影响和破坏了中非经济合作。例如，歪曲事实，传播中国是"新殖民主义""流氓援助国"等谬论，歪曲中非长期以来的合作成效。另一方面，部分西方发达国家调整对非战略，向非洲发起新一轮攻势，力图压缩中国在非洲的战略空间，将中国在非洲的影响力排挤出去。

中非双方面临外部形势的新变化，笔者认为，中国和非洲国家更有必要加强各领域的经济合作，共同采取措施加以应对。新形势下，中国和非洲国家间经济合作不会一帆风顺，作为负责任的大国和世界第二大经济体，中国将为降低世界经济的不确定性而做出更大的努力。中非双方应该积极贯彻落实中非"十大合作计划"和"八大行动"，在中非双方既有的政治互信基础上，深化中非蓝色经济、数字经济、能源资源等方面的交流合作，一道构建更加紧密的中非命运共同体和人类命运共同体，谱写中非经济共同发展、共同繁荣的新篇章。

今天，非洲各国正在积极谋求加快工业化和现代化进程，朝着《2063年议程》描绘的美好梦想前行；中国正在为实现第二个百年奋斗目标和中华民族伟大复兴的中国梦而奋斗。中非发展战略高度契合，且中非经济合作发展互有需要、互有优势。中非经济合作共赢，为携手构建更加紧密的中非命运共同体奠定基础。在逆全球化背景下，中非双方将共同规划未来前行路径，赋予中非关系新使命，共同谋划新的时代内涵。2021年中非合作论坛塞内加尔峰会是中非合作征程上又一个新的合作起点，笔者相信中非凭借长期以来团结合作的决心，能够携手应对新形势下的新挑战，并最终取得胜利。

在"十三五"期间，中国取得了脱贫攻坚的巨大成就，并与非洲在建设制造基地、加强人才交流、推进基础设施方面加强合作。在贸易和投资的新格局背景下，中非已通过中非合作论坛等多边机制加强合作，顺应经济全球化潮流，在人才、贸易体制、抗疫等方面持续发力，推进共建"一带一路"，实现了互利共赢。中国在2020年底完全消除绝对贫困，是全球脱贫工作最有成效的国家。中国的脱贫成就是全球减贫的一个重要里程碑。笔者认为非洲各国应积极探索与中国经济方面的合作，这将是非洲国家实现脱贫的难得机遇，有利于非洲进一步实现联合国《2030年可持续发展议程》和非盟《2063年议程》目标。

历史经验已表明，"一带一路"倡议是一个催化剂，将能够促进疫情后全球经济，特别是非洲经济的复苏。疫情冲击导致世界部分国家实施贸易保护主义等措施，而中国一方面提倡促进中国国内消费拉动经济，另一方面进行产业升级和产业转移，对"一带一路"沿线国家增加投资。对于非洲国家而言，"一带一路"倡议将有效增强非洲国家区域内的贸易和制造业能力。同时，非洲大陆自由贸易区的建设要求对基础设施进行大量投入，因此非洲需要积极加强与中国的合作。在不远的未来，非洲大陆将成为全球经济增长潜力大、机遇多的一个市场。2021 年 1 月启动的非洲大陆自由贸易区将有力促进整个非洲大陆内部贸易、降低生产成本实现规模经济、吸引更多长期投资，将成为世界经济提振的一道曙光。

自建交以来，中国和非洲国家保持着深厚的传统友谊和长期的深入合作。[①] 新中国和非洲国家开启外交关系 60 余年来，总体而言，中非之间政治关系密切，经济和贸易关系发展迅速，在其他如安全、文化等领域的合作也富有成效。中非合作论坛成立至今已经历 23 年风雨，仍旧坚固、紧密。其间，中非合作关系不断遭遇挑战，部分挑战来自西方发达国家，因为它们视非洲为自己的势力范围。部分西方媒体、政客、政府高层人员存在偏见，不断对中非合作发出质疑，并恶意诋毁、攻击中国与非洲国家取得的合作成绩，称中国在搞"面具外交"（Mask Diplomacy），[②] 妄图破坏中非合作。

笔者认为，西方发达国家对中非关系的描述极不符合事实，其没有资格和权力继续挑拨中非合作关系。非洲联盟委员会主席法基曾表示过，中非是朋友，更是战友，没有任何事情能够改变或损害中非友好关系。中国对非洲的援助和投资，建立于中非友好关系之上，扎根于中非命运共同体的思想之中，实践于中非共同探索合作共赢的经验之中，将使中非双方受益。长期以来，中国对非援助占对外援助总额的一半以上，特

---

① 张忠祥：《构建中非命运共同体：挑战与应对》，《探索与争鸣》2017 年第 12 期。

② "China Global Television Network—CGTN News on April 5, 2020", https://news.cgtn.com/news/2020－04－05/-Mask-diplomacy-a-tool-to-bash-China-PqVDzN3EIw/index. html，访问时间：2020 年 9 月 2 日。

别是新冠疫情暴发以后，中国在中非团结抗疫会议上宣布，将在中非合作论坛框架下，免除有关非洲国家截至 2020 年底到期的对华无息贷款债务，并承诺，如果中国新冠疫苗研发成功将率先提供给非洲国家。即便如此，中非合作依然遭到西方媒体的抹黑，以及部分西方国家的排挤、打压。然而，历史和事实是不容改写的，中非合作的惠及双方的成果足以证明挑拨中非合作关系是毫无意义的，中国对非援助和投资的规模、影响力都在不断扩大。新形势下，中国与非洲国家比以往任何时候都更需要加强合作。中非共同维护多边主义和自由贸易体制，反对单边主义和保护主义，在国际舞台上汇聚起发展中国家团结一心的强大声势是谁都无法轻视的。

中国始终以"开放""包容"态度处理中非合作关系，这并非外交辞令，而是由中国与非洲各国合作共赢的本质属性决定的。展望未来，中国和非洲国家为应对逆全球化带来的不确定性，正努力推进中国"一带一路"倡议与非盟《2063 年议程》深度对接，探索共同繁荣之路。总之，中国与非洲这两片古老的土地正因新的合作需求而联系更为紧密，必将同心协力、合作共赢，迸发出更加强大的生命力。

后 记

本书由云南大学非洲研究中心博士生赵畅和博士后卡斯合作完成，具体分工如下：

1. 赵畅负责大纲编制和统稿，主持第二章第二节至第四节，第三章第二节至第四节，第四章第一节、第二节和第四节的研究和撰写。

2. 卡斯负责主持第一章、第二章第一节、第三章第一节、第四章第三节的研究和撰写。

本研究在书稿审定阶段得到了云南大学国际关系研究院党委书记、云南大学非洲研究中心研究员、博士生导师张永宏教授的指导，特别感谢恩师对学生学术研究的帮助、支持和对学生成长的关注。祝张老师和家人身体健康！

特别感谢贵州董酒股份有限公司对中非经济合作的关注，对本书给予的全力帮助和支持。

书中不足或错漏之处，敬请批评、指正。

2023 年 3 月

非洲各次区域国内生产总值
（2016～2022 年）

单位：%

区域	2016	2017	2018	2019	2020	2021	2022
中非区域	3.3	0.2	1.1	2.2	3.6	3.5	3.0
东非区域	6.5	5.1	5.9	5.7	5.9	6.1	5.8
北非区域	3.7	3.2	4.9	4.3	4.4	4.3	4.0
南非区域	1.6	0.7	1.6	1.2	2.2	2.8	2.1
西非区域	3.2	0.5	2.7	3.3	3.6	3.6	3.0

资料来源：《非洲发展银行年度报告》（2016～2022 年）。

非洲各国人口数量及其国内生产总值（2022 年）

单位：万，亿美元

排名	国家名称	人口数量	GDP
1	尼日利亚	2.01（亿）	4481.2
2	南非	5855.83	3514.32
3	埃及	1.003（亿）	3030.92
4	阿尔及利亚	4305.31	1710.91
5	摩洛哥	3647.18	1197
6	埃塞俄比亚	1.12（亿）	959.13
7	肯尼亚	5257.4	955.93
8	安哥拉	3182.53	888.16
9	加纳	3041.79	669.84
10	坦桑尼亚	5800.55	631.77
11	科特迪瓦	2571.65	585.39
12	利比亚	677.75	520.91
13	刚果（金）	8679.06	504.01
14	喀麦隆	2587.64	390.07
15	突尼斯	1169.47	387.97
16	乌干达	4426.96	351.65

续表

排名	国家名称	人口数量	GDP
17	苏丹	4281.32	305.13
18	塞内加尔	1629.64	235.78
19	赞比亚	1786.1	233.1
20	津巴布韦	1464.55	214.41
21	博茨瓦纳	230.37	183.4
22	马里	1965.8	172.8
23	加蓬	217.26	168.74
24	布基纳法索	2032.14	159.91
25	莫桑比克	3036.6	152.91
26	阿拉伯撒哈拉民主共和国	59.42	147.62（2014）
27	贝宁	1180.12	143.91
28	马达加斯加	2696.93	141.15
29	毛里求斯	126.57	140.48
30	尼日尔	2331.07	129.12
31	纳米比亚	249.45	123.67
32	刚果（布）	538.05	122.67
33	几内亚	1277.12	122.97
34	乍得	1594.69	113.15
35	赤道几内亚	135.6	110.27
36	卢旺达	1262.7	103.54
37	马拉维	1862.87	76.67
38	毛里塔尼亚	452.57	76.01
39	索马里	1544.29	74.6
40	厄立特里亚	597	65.23
41	多哥	808.24	54.9
42	斯威士兰	139	47.04（2018）
43	南苏丹	1106.21	47
44	塞拉利昂	781.32	41.22
45	吉布提	97.36	33.25

续表

排名	国家名称	人口数量	GDP
46	利比里亚	493.74	30.71
47	布隆迪	1153.06	30.12
48	莱索托	212.53	23.76
49	中非共和国	474.52	22.2
50	佛得角	54.99	19.82
51	冈比亚	234.45	18.26
52	塞舌尔	9.76	17.03
53	几内亚比绍	192.09	13.39
54	科摩罗	85.09	11.66
55	圣多美	25.51	4.19

资料来源：世界银行数据库。

"一带一路"背景下中国与非洲国家合作主要基建项目（2016～2022 年）

国别	项目名称	项目简介
肯尼亚	蒙内铁路、拉姆港	*蒙内铁路：为肯尼亚蒙巴萨－内罗毕标轨铁路，是肯尼亚独立以来最大的基础设施建设工程，铁路全长 480 公里，2014 年 12 月开工，2017 年 5 月 31 日正式开通 *拉姆港：位于肯尼亚东边海岸的曼达湾内，是拉姆港－南苏丹－埃塞俄比亚交通走廊项目的重要一环
埃塞俄比亚	阿瓦萨工业园	此项目为埃塞联邦政府投资建设的第一个工业园，由中土集团埃塞俄比亚公司设计、建造和运营管理，产业定位为现代化轻工业纺织园区
吉布提	多哈雷港口	此项目由中企承建，2017 年 4 月投入试运营；此港口年设计吞吐量最高可达 22 万标准集装箱和约 700 万吨散杂货
坦桑尼亚	达累斯萨拉姆大学中国图书馆等	此项目位于坦桑尼亚首都达累斯萨拉姆西郊最高学府达累斯萨拉姆大学校区内，总建筑面积约 2 万平方米，主要包括图书馆、孔子学院
卢旺达	基加利市政道路改扩建、卢旺达远景城（Vision City）项目	*基加利市政道路改扩建：2017 年 2 月开工，2018 年 11 月完工，为卢旺达首都基加利的重大项目。据卢旺达政府报道，此项目不仅改善了卢旺达中央商业区交通状况和公共交通条件，而且满足了居民出行需求，为卢旺达民众创造了就业机会 *卢旺达远景城项目：由中国土木工程集团有限公司承建，是卢旺达最大的房地产项目，为约 2 万人提供住所

续表

国别	项目名称	项目简介
乌干达	卡鲁玛水电站、坎帕拉至恩德培高速公路、伊辛巴水电站	*卡鲁玛水电站：由中乌两个元首共同推动的天字号工程。此项目设计装机容量为 60 万千瓦，主要包括大坝、水道系统、地下厂房以及配套电力输出工程 *坎帕拉至恩德培高速公路：此项目总长 50 公里，包括乌干达首都恩德培机场的双向四车道收费公路、6 座主线桥、19 座跨线天桥、18 座地下通道以及 4 处互通式立交 *伊辛巴水电站：此项目于 2013 年 9 月正式签约，由乌干达能源和矿产开发部投资，中国三峡集团下属中国水利电力对外有限公司为该项目 EPC 总承包商。此项目总装机量可达 18 万千瓦，年发电量约 10 亿千瓦时
尼日利亚	莱基深水港、阿布贾城铁、拉伊铁路	*莱基深水港：2017 年开工，建设预计 3 年，2020 年完工。此项目位于拉各斯中心，码头岸线总长约 700 米，前沿水深达 16 米，届时可同时停靠两艘巴拿马型集装箱船，年设计吞吐能力为 120 万标准集装箱 *阿布贾城铁：此铁路总长 60 多公里，采用中国铁路技术标准，最高运行速度每小时 100 公里。自 2017 年 12 月竣工以来，此项目就开始一年半的临时运营，到 2019 年中，12 列动车组陆续到场，目前已正式运营 *拉伊铁路：拉各斯－伊巴丹铁路的简称，由中土集团承建，铁路路线全长 156 公里。此项目为中国进出口银行优惠贷款融资项目，是非洲首条一次建成双线标准轨距铁路的项目
塞拉利昂	弗里敦至马塞牙卡收费高速路	由中铁七局与塞拉利昂工程部签订的项目。该高速路起点为塞首都弗里敦东区威宁顿，途经滑铁卢，终点为马塞亚卡，全长 62 公里。该项目 2016 年完工，工程总价约 1.61 亿美元
科特迪瓦	苏布雷水电站、阿比让港口扩建项目	*苏布雷水电站：2013 年 9 月签订，2018 年 5 月完工，由中国企业承建在该国的最大规模水电站，被誉为中科两国建设者用汗水和智慧筑起的西非"三峡"。该项目资金由科特迪瓦政府自筹 15%，中国政府以优惠买方信贷支持 85%，项目金额约 6 亿美元。该水电站总装机容量约 275MW，年发电量可达 1200 千兆瓦时 *阿比让港口扩建项目：由中国港湾工程有限责任公司于 2012 年与港务局签署的项目，2015 年启动，工期 45 个月。自完工以来，此港口进一步提升了科特迪瓦国家港口发展水平，已为当地人民提供约 1000 个就业岗位
加纳	特码新集装箱码头、加纳打井供水项目	*特码新集装箱码头：该项目总承包商为中国港湾工程有限公司。该项目采用设计—建造模式，为国际招标。该项目的资金来源为加纳自筹及世界银行贷款，技术标准采用英标、欧标及美标结合的标准，项目金额约 5 亿美元 *加纳打井供水项目：中国根据和加纳政府 2013～2014 年签订的经济技术合作协定进行的无偿援助项目。该项目主要在加纳 6 个省 800 多个村庄援建 1000 口水井。目前已完成超过 900 个井、930 个井台，综合进度约 96%

续表

国别	项目名称	项目简介
多哥	洛美绕城公路项目、多哥总统技术合作项目	*洛美绕城公路项目：由中国路桥工程有限责任公司承建，双向四车道，全长 35 公里。该项目的第一期已于 2015 年初通车，项目二期于 2019 年底已正式投入使用 *多哥总统技术合作项目：该项目为北京建工集团负责的援助项目，总面积达 8000 平方米。该项目 2004 年开工，2006 年竣工移交，竣工后由北京建工集团保驾维护一年。据多哥媒体报道，自该项目 2007 年签署第一期技术合作起直至 2017 年，已签署四期技术合作，目前还在合作中
喀麦隆	克里比深水港、曼维莱水电站、雅杜高速	*克里比深水港：该项目由中国港湾承建，位于喀麦隆南部海域。该项目约 85% 的资金由中国进出口银行优惠贷款，项目总价约 5 亿美元。目前，由中港和法国公司组成的联合体已取得港口一期和二期集装箱码头的 25 年特许经营权 *曼维莱水电站：该项目为中国电建承建的水电站，位于喀麦隆南部地区，由中国进出口银行提供约 85% 的融资。该项目从头到尾使用中国技术标准，装机总量达 200 兆瓦 *雅杜高速：该高速由中交一公局承建，连接喀麦隆首都雅温得和经济中心杜阿拉。该项目 85% 的融资由中国进出口银行优惠贷款。该高速路完工后已极大促进该国商品的流动
刚果（布）	利韦索水电站	该项目在 2012 年 6 月开工，2017 年 5 月举行竣工仪式，位于刚果（布）北部桑加省。该水电站水库总库容为 1.1 亿立方米，装机容量为 19.2 兆瓦，由 3 台水轮发电机组构成。该项目由中国进出口银行提供贷款资金，中国能建葛洲坝集团承建
安哥拉	卡库洛卡巴萨水电站	该水电站在 2017 年 8 月开工，是目前中资企业在非洲承建的最大水电站，项目合同总金额约为 45 亿美元，装机容量预计达到 217 万千瓦。按该国媒体报道，该项目计划在 6 年内建成，将为当地人民提供近 1 万个就业岗位
赞比亚	利维综合医院扩建项目、下凯富峡水电站、铜带国际机场	*利维综合医院扩建项目：该项目位于赞比亚首都卢萨卡，建筑面积 4 万多平方米，其中新建筑面积 3 万多平方米，改造原有建筑面积 7 千多平方米。该项目 2017 年开工，计划于 2020 年底竣工，总工期 42 个月 *下凯富峡水电站：该项目位于该国首都卢萨卡，装机容量 75 万千瓦，2015 年开工，工期 51 个月，合同金额 15 亿美元。该水电站为赞比亚 40 余年以来投资开发的第一个大型水电站项目，是赞比亚第三大水电站 *铜带国际机场：该项目 2017 年 6 月开工，计划在三年内完工。该机场主要由中航国际承建，中国进出口银行提供优惠出口买方信贷支持。该项目完工后设计年客流量达 100 万人次

续表

国别	项目名称	项目简介
津巴布韦	北汽津巴布韦工厂生产线、哈拉雷PPC水泥厂、卡里巴南岸水电站	*北汽津巴布韦工厂生产线：该项目2017年建成投入使用，组装的首辆皮卡车于2017年3月成功下线。自2018年以来，该公司已开始向其他南部非洲国家出口汽车 *哈拉雷PPC水泥厂：津巴布韦最大的水泥供应商，由南非比勒陀利亚-波特兰水泥集团投资建造。该项目由中材海外工程有限责任公司总承包，合同金额超过4000万美元 *卡里巴南岸水电站：该项目2014年11月正式开工，由中国水电国际负责建设，当时为中资企业在津巴布韦的最大水电项目，合同金额约3亿美元，主要由中国进出口银行提供优惠买方信贷
莫桑比克	马普托跨海大桥	该项目由中国进出口银行提供融资、中国路桥工程有限责任公司承建，主要连接该国首都马普托和马普托湾南岸卡腾贝镇，合同金额达8亿美元，2018年通车。该座桥约3公里多的总长、680米的主跨，至今为非洲主跨径最大的悬索桥
马达加斯加	马达加斯加首都机场快速路、马达加斯加9号国道项目、塔那那利佛伊瓦图-察哈绍察公路项目	*马国首都机场快速路：该项目由中国路桥工程有限责任公司承建，资金源自中国进出口银行买方信贷资金和马国政府配套资金。该项目合同金额约2亿美元，合同工期1年半。自此项目第一期工程通车以来，被该国总统称赞，该快速路是中国速度、效率和质量的充分体现 *马国9号国道项目：该项目位于马国西南区，图利亚市北，全长107公里。该项目由非洲发展银行、石油输出国组织以及马国政府联合出资，合同工期38个月。该国道2017年顺利通车，为马国当地人员创造约3000个就业岗位 *塔-察公路项目：该公路全长10公里，总投资高达5000万美元，是目前中马两个重点关注并积极推进落实的基础设施项目
纳米比亚	湖山铀矿项目	该项目由中广核建设运营，是迄今中国在非最大实业投资项目。该项目2016年12月产出第一桶铀矿石，2017年进入试运行
博茨瓦纳	Tonota-Francistown A1道路-Thapama立交桥、潘达马腾加农场排水项目	*Tonota-Thapama立交桥：该项目由中铁七局博茨瓦纳公司承建，是连接该国和津巴布韦的主干道。Thapama立交桥为博国第一座立交桥，是Francistown的标志性建筑。该项目的第二期2016年8月开工，2017年6月竣工 *潘达马腾加农场排水项目：该项目2014年开工，由中土博茨瓦纳有限责任公司承建，2017年3月竣工。根据现有数据，该国适合农耕的土地仅有5%。自该农场排水项目竣工以来，提升了博国境内商业农场的产量，减少了进口谷物
南非	中国中车南非项目	该项目合同金额近30亿美元，为中国轨道交通装备行业出口的最大订单。至今，中国中车已累计完成五百多台电力机车的交付和验收

续表

国别	项目名称	项目简介
利比里亚	利比里亚机场航站楼	该项目截至目前在中国融资项目里进度最快，5 个月签署贷款协议，5 个月放贷，6 个月主体建成封顶，也是中国国家主席习近平倡导的南南合作典范中的项目

资料来源：笔者根据近 5 年内非洲国家主要发展项目整理。

中国与非洲国家商品贸易额（2020 年）

单位：万亿美元

	国家名称	双边贸易总额	中国出口总额	中国进口总额
1	阿尔及利亚	80.87	69.45	11.42
2	安哥拉	162.61	17.48	145.13
3	贝宁	10.5	9.9	0.6
4	博茨瓦纳	32300	23600	8700
6	布基纳法索	4.00	3.23	0.78
7	布隆迪	8377.3	7610.1	767.2
8	喀麦隆	27.74	20.23	7.52
9	佛得角	7899.9	7778.9	121
10	中非共和国	0.85	0.28	0.57
11	乍得	5.62	3.65	1.97
12	科摩罗	0.51	0.51	0.00
13	刚果（布）	39.59	6.02	33.57
14	刚果（金）	90.44	20.13	70.31
15	科特迪瓦	29.1	23.34	5.76
16	吉布提	23.54	23.08	0.4625
17	埃及	871	268	603

续表

	国家名称	双边贸易总额	中国出口总额	中国进口总额
18	赤道几内亚	12.7	1.2	11.5
19	厄立特里亚	3.6	7049	2.9
20	埃塞俄比亚	25.71	22.33	3.38
21	加蓬	30.2	4.4	25.8
22	冈比亚	5.66	5.36	0.297
23	加纳	74.6	49	25.6
24	几内亚	43.88	19.12	24.76
25	几内亚比绍	4.83	1.98	2.85
26	肯尼亚	556026	540965	15961
27	莱索托	7164.5	5938.2	1226.2
28	利比里亚	34.93	34.05	0.88
29	利比亚	72.52	24.52	48.00
30	马达加斯加	11.36	9.98	1.39
31	马拉维	2.31	2.19	0.12
32	马里	5.95	4.35	1.60
33	毛里塔尼亚	19.68	7.40	12.28
34	毛里求斯	72625	69990	2635
35	摩洛哥	47.6	41.7	5.9
36	莫桑比克	25.77	20.00	5.77
37	纳米比亚	7.81	2.23	5.58
38	尼日尔	5.27	3.03	2.25
39	尼日利亚	192.3	167.8	24.5
40	卢旺达	3.21	2.83	0.38
41	圣多美和普林西比	0.20	0.23	0.4
42	塞内加尔	28.79	25.63	3.16
43	塞舌尔	5769.5	5765.8	3.8
44	塞拉利昂	5.30	3.71	1.59
45	索马里	9.00	8.92	7.9

续表

	国家名称	双边贸易总额	中国出口总额	中国进口总额
46	南非	843.5	211.2	332.3
47	苏丹	30.72	23.2	7.52
48	南苏丹	8.33	1.56	6.73
49	斯威士兰	0.40	0.39	0.40
50	坦桑尼亚	45.84	41.75	4.1
51	多哥	26.25	24.61	1.64
52	突尼斯	15.73	13.64	2.09
53	乌干达	8.31	7.92	0.40
54	赞比亚	39.88	6.81	33.06
55	津巴布韦	13.99	5.25	8.74

资料来源：笔者根据商务部《对外投资合作国别（地区）指南》数据编制。

中国—非洲贸易指数趋势
（2000～2022 年）

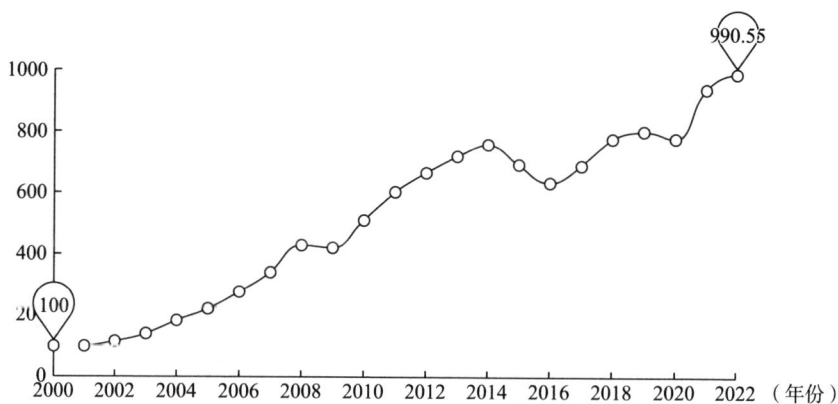

资料来源：《中国—非洲贸易指数趋势》，中华人民共和国海关总署，http：//www. customs. gov. cn/customs/302249/zfxxgk/2799825/302274/myzs75/3840284/5125028/5125030/index. html，访问时间：2023 年 7 月 14 日。

中国—非洲贸易额（2002～2022 年）

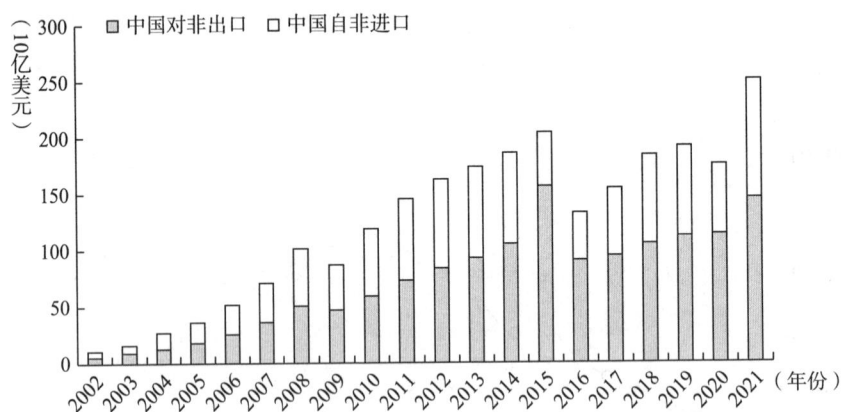

资料来源："Data：China-Africa Trade"，China & Africa Research Initiative，http：//www. sais-cari. org/data-china-africa-trade，访问时间：2023 年 7 月 14 日。

参考文献

一 中文参考文献

［1］安春英：《携手消除贫困、共建人类命运共同体》，《理论前沿》2020 年第 12 期。

［2］保健云：《如何应对逆全球化与新兴保护主义——对当前世界经济不稳定性风险的分析研判》，《学术前沿》2017 年第 7 期。

［3］曹绿：《新时代新型经济全球化的理论阐释与思想逻辑——习近平经济全球化系列论述研究》，《云南大学学报》（社会科学版）2021 年第 1 期。

［4］戴兵：《全面落实中非合作论坛北京峰会成果，开辟中非全面战略合作伙伴关系美好未来》，社会科学文献出版社（非洲发展报告），2019 年。

［5］董琴：《"逆全球化"及其新发展对国际经贸的影响与中国策略研究》，《经济学家》2018 年第 12 期。

［6］范瑞滨：《西方全球化运动的影响及应对》，《宏观经济管理》2018 年第 5 期。

［7］〔南非〕格雷格．米尔斯、〔美〕杰弗里．赫伯斯特、〔尼日利亚〕奥卢塞贡．奥巴桑乔：《非洲前进之路》，李雪冬译，浙江工商大学出版社，2019 年。

［8］关秀丽：《"一带一路"与"逆全球化"》，《中国经贸导刊》2017
年第 4 期。

［9］韩海涛、赵萌琪：《欧美新民粹主义的流行与极化》，2020 年 6 月 8
日第 014 版《北京日报》。

［10］贺文萍：《"一带一路"与中非合作：精准对接与高质量发展》，
《当代世界》2019 年第 6 期。

［11］贺文萍：《中非合作论坛 20 年：回顾与展望》，《西亚非洲》2020
年第 6 期。

［12］黄梅波、张晓倩：《中非产能对接与非洲三网一化建设：合作基础
及作用机制》，《国际论坛》2016 年第 1 期。

［13］黄梅波、张晓倩、邓昆：《非洲国家的债务可持续性及其对策分
析》，《国际经济评论》2020 年第 4 期。

［14］黄仁伟：《从全球化、逆全球化到有选择的全球化》，《探索与争
鸣》2017 年第 3 期。

［15］李安山：《中国非洲研究评论》，社会科学文献出版社，2020 年。

［16］李惠斌主编《全球化与公民社会》，广西师范大学出版社，2003 年。

［17］刘鸿武：《中非合作论坛 20 年回顾与展望——中非关系研究论文
集锦》，浙江大学出版社，2020 年。

［18］刘曙光：《全球化与反全球化》，湖南人民出版社，2003 年。

［19］刘洋、纪玉山：《从"逆全球化"到"新全球化"：中国发展的战
略选择》，《江苏行政学院学报》2018 年第 3 期。

［20］刘玉峰：《逆全球化形势下中国如何再出发》，《合作经济与科技》
2020 年第 4 期。

［21］鲁明川：《逆全球化的政治经济学论析》，《浙江社会科学》2021
年第 1 期。

［22］栾文莲：《对当前西方国家反全球化与逆全球化的分析评判》，《马
克思主义研究》2018 年第 4 期。

［23］ 马晓燕：《逆全球化对国际贸易的影响及应对策略》，《桂林航天工业学院学报》2017 年第 2 期。

［24］ 庞中英主编《全球化、反全球化与中国》，上海人民出版社，2002 年。

［25］ 朴英姬：《东非经济增长的现状及前景》，《现代国际关系》2020 年第 10 期。

［26］ 朴英姬：《非洲大陆自由贸易区：进展、效应与推进路径》，《西亚非洲》2020 年第 3 期。

［27］ 朴英姬：《深化中国对非投资合作的新动力与新思路》，《西亚非洲》2019 年第 5 期。

［28］ 朴英姬：《深化中国对非投资合作的新动力与新思路》，《西亚非洲》2019 年第 5 期。

［29］ 沈晓雷：《论中非合作论坛的起源、发展与贡献》，《太平洋学报》2020 年第 3 期。

［30］ 沈晓雷：《论中非合作论坛的起源、发展与贡献》，《太平洋学报》2020 年第 3 期。

［31］ 盛斌、黎峰：《逆全球化：思潮、原因与反思》，《社会科学文摘》2020 年第 5 期。

［32］ 苏杭：《角色论争中的中国对非洲直接投资》，科学出版社，2015 年。

［33］ 苏立君、葛浩阳：《从经济全球化到"再全球化"：基于"一带一路"的战略思考》，《财经科学》2017 年第 10 期。

［34］ 孙伊然：《逆全球化的根源与中国的应对选择》，《浙江学刊》2017 年第 5 期。

［35］ 唐坚、刘文川：《逆全球化浪潮与中国的开放之路：基于世界贸易平衡视角》，《经济问题探索》2019 年第 12 期。

［36］ 佟家栋、刘程：《"逆全球化"浪潮的源起及其走向：基于历史比较的视角》，《中国工业经济》2017 年第 6 期。

［37］ 王珩、王丽君：《命运共同体视域下的中非人文交流理论体系构

建》,《浙江师范大学学报（社会科学版）》2020年第6期。

[38] 王涛、赵跃晨:《非洲太阳能开发利用与中非合作》,《国际展望》
2016年第6期。

[39] 王文、贾晋京、刘玉书、王鹏:《百年变局》,北京师范大学出版
集团,2020年。

[40] 韦民:《小国与国际关系》,北京大学出版社,2014年。

[41] 吴传华:《中非命运共同体:历史地位、典范作用与世界意义》,
《西亚非洲》2020年第2期。

[42] 吴雪:《逆全球化背景下国际经贸治理体系改革及我国的应对策
略》,《宏观经济管理》2020年第6期。

[43] 向红:《全球化与反全球化运动新探》,中央编译出版社,2010年。

[44] 徐国庆:《"一带一路"倡议与中非关系发展》,《晋阳学刊》2018
年第6期。

[45] 徐宏潇、赵硕刚:《特朗普政府"逆全球化":动向、根源、前景
及应对》,《经济问题》2019年第2期。

[46] 徐明棋、杨海峰:《多重挑战下的欧盟及其对外关系》,时事出版
社,2019年。

[47] 杨宝荣:《"一带一路"倡议与中非产能合作》,中国社会科学出版
社,2018年。

[48] 杨浩勉:《疫情下国际格局和世界秩序变化趋势分析》,《俄罗斯研
究》2020年第5期。

[49] 杨浩勉、陈东晓、俞新天、蔡鹏鸿、张海冰、张沛:《中国外交与
和平发展》,人民出版社,2019年。

[50] 杨继东:《非洲电力旗航项目可助力区域工业中心的打造》,《水电
与新能源》2020年第9期。

[51] 姚桂梅:《非洲大陆自贸区与中非经贸合作:影响与对策》,《当代
世界》2021年第3期。

［52］叶曼丽：《开放经济下应对国际贸易顺逆差的财政研究》，《中国商贸》2012 年第 18 期。

［53］翟杰全：《资本主导的全球化的自我否定与新全球化的未来方向》，《北京理工大学学报》2020 年第 3 期。

［54］詹建兴：《"一带一路"下全球化与"逆全球化"研究》，《河南社会科学》2017 年第 10 期。

［55］张春：《非洲政治治理 60 年：多重长期困境与潜在创新出路》，《西亚非洲》2020 年第 2 期。

［56］张春：《"一带一路"高质量发展观的建构》，《国际展望》2020 年第 4 期。

［57］张春：《中非合作的政策空间变化与应对战略》，《西亚非洲》2015 年第 3 期。

［58］张刚生、严洁：《论美欧发达地区的逆全球化现象》，《社会科学文摘》2020 年第 5 期。

［59］张宏明：《大国经略非洲研究》（上册），社会科学文献出版社，2019 年。

［60］张宏明：《大国在非洲格局的历史演进与跨世纪重组》，《当代世界》2020 年第 11 期。

［61］张宏明：《改革开放以来中非关系快速的内在逻辑与成功经验》，《当代世界》2018 年第 7 期。

［62］张泽忠：《非洲经济一体化发展战略下的非洲大陆自由贸易协定》，《国际经济法学刊》2020 年第 1 期。

［63］张忠祥：《非洲经济发展的新态势》，《现代国际关系》2020 年第 9 期。

［64］赵蜀蓉、杨科科、谭梦涵、龙林岸：《中非国际产能合作面临的风险与对策研究》，《经济问题》2019 年第 4 期。

［65］赵燕梅：《"逆全球化"思潮与中国引领下的新全球化发展路径》，

《长春金融高等专科学校学报》2020 年第 1 期。

[66] 周琪:《人类命运共同体观念在全球化时代的意义》,《太平洋学报》2020 年第 1 期。

[67] 周玉渊:《发展中国家债务问题政治化的影响与反思》,《国际展望》2020 年第 1 期。

[68] 周玉渊:《非洲世纪的到来?：非洲自主权与中非合作研究》,社会科学文献出版社,2018 年。

[69] 周玉渊:《非洲债务问题的议题化及其影响》,《现代国际关系》2020 年第 8 期。

[70] 周玉渊:《新冠肺炎疫情下国际社会对非债务救助与中国的角色》,《当代世界》2020 年第 9 期。

[71] 周玉渊:《新冠肺炎疫情下国际社会对非洲债务救助与中国的角色》,《当代世界》2020 年第 9 期。

[72] 周玉渊:《中国在非洲债务问题的争论与真相》,《西亚非洲》2020 年第 1 期。

[73] 周玉渊:《转型中的国际债务治理：过程、功能与前景》,《太平洋学报》2020 年第 12 期。

二 英文参考文献

[1] Abutu Lawrence Okolo, Joseph O. Akwu, "China's Foreign Direct Investment in Africa's Land: Hallmarks of Neo-Colonialism or South-South Cooperation", *Africa Review*, 8 (1), 2015.

[2] African Union Commission, *Agenda 2063 Draft Framework*, (Addis Ababa: African Union Commission, 2013).

[3] Ajit Singh, "The Myth of Debt-Trap Diplomacy and Realities of Chinese Development Finance", 2021, *Third World Quarterly*, 42 (2), 2021.

[4] Altman, R. C., "Globalization in retreat: Further Geopolitical Conse-

quences of the Financial Crisis," *Foreign Affairs*, 88 (4), 2009.

[5] Amsalu K. Addis, Zhu Zuping, "Criticism of Neo-Colonialism: Clarification of Sino-African Cooperation and Its Implication to the West", *Journal of Chinese Economic and Business Studies*, 16 (4), 2018.

[6] Anshan Li, *China and Africa in the Global Context: Encounter, Policy, Cooperation and Migration*, Africa Century Editions (ACE) Press, 2021.

[7] Anshan Li, "Technology Transfer in China-Africa Relation: Myth or Reality", *Transnational Corporations Review*, 8 (3), 2016.

[8] Anthony Bizos, "A Handbook on Regional Integration in Africa: Towards Agenda 2063", *South African Journal of International Affairs*, 24 (4), 2017.

[9] Bas Hooijmaaijers, "China's Rise in Africa and the Response of the EU: A Theoretical Analysis of the EU-China-Africa Trilateral Cooperation Policy Initiative", 2018, *Journal of European Integration*, 40 (4), 2018.

[10] Bhaso Ndzendze, David Monyae, "China's Belt and Road Initiative: Linkages with the African Union's Agenda 2063 in Historical Perspective", *Transnational Corporations Review*, 11 (1), 2019.

[11] Carol C. Ngang, "Towards A Right to Development Governance in Africa", *Journal of Human Rights*, 17 (1), 2017.

[12] Chris Alden, Daniel Large, Ricardo Soares De Oliveira, *China Returns to Africa: A Rising Power and a Continent Embrace*, (Columbia: Columbia University Press, 2009).

[13] Ciwan M. Can, Anson Chan, "Rethinking the Rise of China and Its Implications on International Order", *Chinese Journal of International Review*, 2 (1), 2020.

[14] Dan Banik, "Coordinating Chinese Aid in a Globalized World", Carnegie-Tsinghua, Center For Global Policy, 2019 – 01, https://carnegieen-

dowment. org/files/1 – 6_ Banik_ Chinese_ Aid. pdf.

[15] Danilo Turk, *A World Transformed*: *Reflections on the International System*, *China and Global Development*, (Beijing: Chongyang Institute for Financial Studies, 2021).

[16] David Landry, "Under a money tree? Comparing the determinants of Western and Chinese development finance flows to Africa", *Oxford Development Studies*, 49 (2), 2021.

[17] David N. Abdulai, *Chinese Investment in Africa*: *How African Countries Can Position Themselves to Benefit from China's Foray into Africa*, (London: Routledge, 2020).

[18] Deborah Brautigam, Won Kidane, "China, Africa, and Debt Distress: Fact and Fiction about Asset Seizures", 2020, China Africa Research Initiative (CARI), Policy Brief No. 47, Available at: https://static1. squarespace. com/static/5652847de4b033f56d2bdc29/t/5ef387a1b5869 d0dd74eee2d/1593018274134/PB + 47 + - + Brautigam% 2C + Kidane + – + Debt + distress% 2C + Asset + seizure. pdf.

[19] Ding Fei, *China in Ethiopia*: *The Long-Term Perspective*, (Cambridge: Cambridge University Press, 2020).

[20] Edgar Pieterse, Susan Parnell, Gareth Haysom, "African Dreams: Locating Urban Infrastructure in the 2030 Sustainable Development Agenda", *Area Development and Policy*, 3 (2), 2018.

[21] Emma Samman, Jose Manuel Roche, Moizza Binat Sarwar, Martin Evans, "Leave no one behind: Five years into Agenda 2030", January 2021, Available at: https://www. odi. org/sites/odi. org. uk/files/resource-documents/odi_leave_ no_ one_ behind_ -_ five_ years_ into_ agenda_ 2030_ newfinal2. pdf .

[22] Ernest Toochi Aniche, "African Continental Free Trade Area and Afri-

can Union Agenda 2063: The Roads to Addis Ababa and Kigali", *Journal of Contemporary African Studies*, 2020,

[23] Fanie Herman, "The Forum on China-Africa Cooperation: Towards a path of regime formation in environmental conservation", *Africa Review*, 10 (1), 2017.

[24] Geda A. , EH Seid, "The Potential for International Trade and Regional Integration in Africa", *Journal of African Trade*, 2 (15), 2015.

[25] Gong Jian, Ding Xiaoqin, "The New Silk Road as an Emerging Model of Regional and International Economic Cooperation—A Brief Review of the International Symposium on the New Silk Road and China-Africa Economic Relations", *International Critical Thought*, 5 (4), 2015.

[26] Grzegorz W. Kolodko, *China and the Future of Globalization: The Political Economy of China's Rise*, (London: I. B Tauris, 2020).

[27] Hannah Ryder, "Where is the Africa-China Relationship Headed in 2021?", Center for Strategic and International Studies, 2021 – 02 – 17, https://www. csis. org/analysis/where-africa-china-relationship-headed-2021.

[28] Hany Beseda, Ben O' Bright, "Maturing Sino-Africa Relations", *Third World Quarterly*, 38 (3).

[29] He Wenping, "A Community with a shared future: Beijing's vision of China-Africa relations", *China Quarterly of International Strategic Studies*, 6 (1), 2020.

[30] Ian Taylor, *China and Africa: Engagement and Compromise*, (London: Routledge, 2006).

[31] Ian Taylor, *China's New Role in Africa*, (Boulder, CO. : Lynne Rienner Publishers, 2009).

[32] Ian Taylor, Dominik Kopinski, Andrzej Polus, *China's Rise in Africa:*

Perspectives on a Developing Connection, (London: Routledge, 2013).

[33] Ian Taylor, Tim Zajontz, "In a fix: Africa's place in the Belt and Road Initiative and the reproduction of dependency", *South African Journal of International Affairs*, 27 (3), 2020.

[34] Ian Tylor, "Globalization and Regionalization in Africa: Reactions to attempts at Neo-Liberal Regionalism,", *Review of International Political cal Economy*, 10 (2), 2010.

[35] Iliana Olivie, Manuel Gracia, "Is this the end of globalization?" *Journal of Globalizations*, . 17 (6), 2020.

[36] Jean-Pierre Cabestan, "China's Response to the 2014 – 2016 Ebola Crisis: Enhancing Africa's Soft Security Under Sino-US Competition", 2020, *China Information*, Available at: DOI: 10. 1177/0920203X20978545.

[37] Jeromin Zettelmeyer, Adam S. Posen, *Facing Up to Low Productivity Growth*, (Harvard University Press, 2019).

[38] Jerry Harris, "Introduction: Future of Globalization?", *Journal of International Critical Thought*, 10 (2), 2020.

[39] Jiemian Yang, "Major Power Relations in a Post-Pandemic World Order", China *Quarterly of International Strategic Studies*, 6 (1), 2020.

[40] Jodie Keane, Max Mendez-Parra, Laetitia Pettinotti and Lily Sommer, "The Climate and trade nexus in Africa: Climate Change and the Transformation of African Trade", 2021 – 02, ODI Report, https://www. odi. org/sites/odi. org. uk/files/resource-documents/climate _ trade _ nexus_ v7. pdf.

[41] John Hurley, Scott Morris, Gailyn Portelance, "Examining the Debt Implications of the Belt and Road Initiative from a Policy Perspective", 2018, Center for Global Development, Policy Paper No. 121.

[42] Joonhwa Cho, "Researching South-South Development: The Politics of

Knowledge Production", *South African Journal of International Affairs*, 27 (3), 2020.

[43] Joseph E. Stiglitz, *Globalization and its Discontents*, (London: W. W. Norton & Company, 2003).

[44] Joseph Onjala, "China's Development Loans and the Threat of Debt Crisis in Kenya", *Development Policy Review*, 36 (s2), 2018.

[45] Kevin Acker, Deborah Brautigam, Yufan Huang, "Debt Relief with Chinese Characteristics", Johns Hopkins School of Advanced International Studies, CARI, 2020, Working Paper No. 39, Available at: https://static1. squarespace. com/static/5652847de4b033f56d2bdc29/t/5efe942ba09c523cbf9440a9/1593742380749/WP + 39 + - + Acker%2C + Brautigam%2C + Huang + - + Debt + Relief. pdf .

[46] Kong Lingjie, "The Belt and Road Initiative and China's Foreign Policy Toward Its Territorial and Boundary Disputes", *China Quarterly of International Strategic Studies*. 1 (2), 2015.

[47] Lee Jones, Jinghan Zeng, "Understanding China's Belt and Road Initiative: Beyond Grand Strategy to a State Transformation Analysis", *Third World Quarterly*, 40 (8), 2019.

[48] Maurizio Carbone, "The European Union and China's Rise in Africa: Competing Visions, External Coherence and Trilateral Cooperation", *Journal of Contemporary African Studies*, 29 (2), 2011.

[49] Mikko Kuisma, "Rights or Privileges? The Challenges of Globalization to the Values of Citizenship," *Journal of Citizenship Studies*, 12 (6), 2008.

[50] Mwaona Nyirongo, "From Watchdog to lapdog: Political Influence of China on News Reporting in Malawi", *Afrika Focus*, 33 (2), 2020.

[51] Nancy Muthoni Githaiga, Alfred Burimaso, Wang Bing, Salum Moham-

med Ahmed, "The Belt and Road Initiative: Opportunities and Risks for Africa's Connectivity", *China Quarterly of International Strategic Studies*, 5 (1), 2019.

[52] Nicholas R. Lardy, *The State Strikes Back: The End of Economic Reform in China*, (Columbia: Columbia University Press, 2019).

[53] Oscar M. Otele, "China, Region-Centric Infrastructure Drives and Regionalism in Africa", *South African Journal of International Affairs*, 2020.

[54] Oscar M. Otele, "China-Africa Relations: Interdisciplinary Questions and Theoretical Perspectives", *The African Review*, 47 (2), 2020.

[55] Padraig Carmody, Ian Taylor, Tim Zajontz, "China's Spatial Fix and Debt Diplomacy in Africa: Constraining Belt or Road to Economic Transformation?", *Canadian Journal of African Studies*, February 8th, 2021, https://doi. org/10. 1080/00083968. 2020. 1868014.

[56] Paul Cook, Colin Kirkpatrick, "Globalization, Regionalization and Third World Development," *Regional Studies*, 31 (1), 2010.

[57] Paul Krugman, *The Return of Depression Economics and the Crisis of 2008*, (London: W. W. Norton & Company, 2008).

[58] Paul Nantulya, "Chinese Hard Power Supports Its Growing Strategic Interests in Africa", Africa Center for Strategic Studies, 2019 – 01 – 19, https://africacenter. org/spotlight/chinese-hard-power-supports-its-growing-strategic-interests-in-africa/.

[59] Paul Nantulya, "Decoding China's Africa Strategy beyond 2021", 2021 – 03, *The Habari Journal*, https://www. thehabarinetwork. com/decoding-chinas-africa-strategy-beyond-2021-a-discussion-with-paul-nantulya.

[60] Paul Nantulya, "Reshaping African Agency in China-Africa Relations", Africa Center for Strategic Studies, 2021 – 03 – 02, https://africacenter. org/spotlight/reshaping-african-agency-china-africa-relations/.

〔61〕 Peter Van Aelst, Stefaan Walgrave, "New Media, new movements? The role of the internet in shaping the anti-globalization movement," *Information, Communication & Society*, 5（4）, 2007.

〔62〕 Petr Yakovlev, "The Trump Factor and the Changing Face of Globalization," *Russian Politics and Law*, 55（6）, 2019.

〔63〕 Philani Mthembu, Faith Mabera, *Africa-China Cooperation: Towards an African Policy on China*, （London: Palgrave Macmillan, 2020）.

〔64〕 Ramus Lema, "China's investments in renewable energy in Africa: Creating co-benefits or just cashing-in?", 2021, World Development, https://doi. org/10. 1016/j. worlddev. 2020. 105365.

〔65〕 Robert Mudida, *An Emergiing Africa in the Age of Globalization*, （London: Routledge, 2021）.

〔66〕 Robert Tama Lisinge, "The Belt and Road Initiative and Africa's Regional Infrastructure Development: Implications and Lessons", *Transnational Corporations Review*, 12（4）, 2020.

〔67〕 Sabella Abidde, Tokunbo A. Ayoola, *China in Africa: Between Imperialism and Partnership in Humanitarian Development*, （Lanharn, MD: Lexington Books, 2021）.

〔68〕 Sammy Mwangi Waweru, "Who is against Sino-African Relations? Evolving Perceptions on Chinese Engagement in Kenya", *Chinese Journal of International Review*, 2（2）, 2020.

〔69〕 Sara van Hoeymissen, "China Studies in Africa", *Journal of African Culture Studies*, 33（2）, 2021.

〔70〕 Shuanglin Lin, "China's Government Debt: How Serious?", 2003, *China: An International Journal*, 1（1）, 2003.

〔71〕 Shuwen Zheng, Ying Xia, "Private Security Companies in Kenya and the Impact of Chinese Actors", 2021, China-Africa Research Initiative,

Policy Brief No. 53, Available at: https://static1.squarespace.com/static/5652847de4b033f56d2bdc29/t/602ab2500a3ed7266dea72b3/1613410896584/PB + 53 + Zheng + and + Xia + PSCs + in + Kenya. pdf.

[72] Suisheng Zhao, *China in Africa: Strategic Motives and Economic Interests*, (London: Routledge, 2017).

[73] Sven Grimm, "China-Africa Cooperation: Promises, practices and prospects", *Journal of Contemporary China*, 23 (90), 2014.

[74] The Africa Report, "Africa's renewable energy projects to shine more light in 2021", 2021 – 02 – 15, https://www.theafricareport.com/65451/africas-renewable-energy-projects-to-shine-more-light-in-2021/.

[75] The Africa Report, "China-Africa: The growing battlefield for digital dominance", 2021 – 02 – 11, https://www.theafricareport.com/65139/china-africa-the-growing-battlefield-for-digital-dominanc.

[76] Thierry Pairault, "French and Chinese Business Cooperation in Africa", 2020, China Africa Research Initiative (CARI), Policy Brief No. 50, Available at: https://static1.squarespace.com/static/5652847de4b033f56d2bdc29/t/5fa956eef6d3991188800be2/1604933359644/PB + 50 + Pairault + French + Chinese + Business + Cooperation + Africa. pdf.

[77] Thomas Palley, "Trump's Neocon Neoliberalism Camouflaged with Anti-Globalization", *Challenge*, 60 (4), 2017.

[78] Thomas Palley, "Trump's Neocon Neoliberalism Camouflaged with Anti-Globalization Circus," *Journal of Challenges*, 60 (4), 2017.

[79] Tomas Hellebrandt, Paolo Mauro, *World on the Move: Consumption Patterns in a More Equal Global Economy*, (Columbia: Columbia University Press, 2016).

[80] Tristan Kenderdine, *BRI and International Cooperation in Industrial Capacity: Industrial Layout Study*, (Cambridge: Cambridge University

Press, 2020).

[81] Ufiem Maurice Ogbonnaya, "Terrorism, Agenda 2063 and the Challen-
ges of Development in Africa", *South African Journal of International
Affairs*, 23 (2), 2016.

[82] Yu Qiu, "Cleavage: Guangzhou, covid-19 and China-Africa Friendship
Politics", *Journal of African Cultural Studies*, 33 (2), 2021.

三 法文参考文献

[1] Anneliese Durhing, "La Chine en Afrique: Un fournisseur de marchan-
dises et un prestataire de services plutot qu'un investisseur", *Passerelles*,
19 (5), 2018.

[2] Antoine Kernen, Didier Peclard, Guive Khan-Mohammad, *Etats d'emer-
gence: Le Gouvernement de la Croissance et du Developpement en Afrique*,
(Paris: Presses de Sciences Politique, 2020).

[3] Elisa Gambino, *La participation Chinoise dans le developpement des infra-
structures de transport au Kenya: Une transformation des geometries du
pouvoir*, (Paris: Presses de Sciences Politique, 2020).

[4] Jian-Ye Wang, Abdoulaye Bio-Tchane, "Afrique-Chine: Comment tirer
le meilleur parti de l'engagement economique croissant de la Chine en Af-
rique", 2008, IMF Report, Available at: https://www.imf.org/exter-
nal/pubs/ft/fandd/fre/2008/03/pdf/wang.pdf.

[5] Maxime Jong, "L'Afrique en 2021: De l'economie d'essence neo-liberale
a l'economie Ubuntu", 2021 - 01, Available at: https://afrique.latri-
bune.fr/think-tank/2021 - 01 - 28/l-afrique-en-2021-de-l-economie-d-
essence-neo-liberale-a-l-economie-ubuntu-875029.html.

[6] Thierry Pairault, "Investissements en Afrique: La Chine et les partenaires
traditionnels", *Seminaire Presence Chinoise en Afrique*, 2020 - 01 - 13, ht-

tps：∥pairault. fr/sinaf/index. php/publications/1829-investissements-en-afrique-la-chine-et-les-partenaires-traditionnels.

［7］ Thierry Pairault，"L'Afrique et sa dette Chinoise au temps de la Covid-19"，*Maison des Sciences de l'homme*，Paris Nord，2021 － 02，https：∥journals. openedition. org/regulation/17645.

图书在版编目（CIP）数据

新形势下中非经济合作研究／赵畅，卡斯著． -- 北
京：社会科学文献出版社，2023.8
ISBN 978 - 7 - 5228 - 2268 - 6

Ⅰ.①新… Ⅱ.①赵… ②卡… Ⅲ.①对外经济合作
- 研究 - 中国、非洲 Ⅳ.①F125.54

中国国家版本馆 CIP 数据核字（2023）第 144671 号

新形势下中非经济合作研究

著　　者／赵　畅　卡　斯

出 版 人／冀祥德
组稿编辑／恽　薇
责任编辑／胡　楠
责任印制／王京美

出　　版／社会科学文献出版社·经济与管理分社（010）59367226
　　　　　地址：北京市北三环中路甲 29 号院华龙大厦　邮编：100029
　　　　　网址：www.ssap.com.cn
发　　行／社会科学文献出版社（010）59367028
印　　装／三河市尚艺印装有限公司

规　　格／开　本：787mm×1092mm　1/16
　　　　　印　张：10.25　字　数：133 千字
版　　次／2023 年 8 月第 1 版　2023 年 8 月第 1 次印刷
书　　号／ISBN 978 - 7 - 5228 - 2268 - 6
定　　价／89.00 元

读者服务电话：4008918866